子育ての悩みには“絵本”が効く！

ママが楽になる 絵本レシピ31

景山聖子

小学館

はじめに

現在私は、「JAPAN絵本よみきかせ協会」という団体を主宰しています。この団体には、「子どもが夢中になる読み聞かせの方法が知りたい」というお母さん方が、全国からたくさん集まってくださっています。最近は公共団体・企業主催の講演のご依頼もいただくようになり、現在では1万2千人以上の方たちへ、絵本の読み聞かせの効果・コツをお伝えしています。

多くのお母さんや子どもたちに読み聞かせをする中で、目の前で起こる子どもたちの変化を見ています。そこで子育てに役立つ「絵本の力」があることに気がついたのです。それが、本書でお伝えする内容です。

絵本の力とは、たとえばこんな力です。いつも、公園のアリを面白がって踏みつぶしていた子どもが、アリにも親兄弟がいるという内容の絵本を読み聞かせたことで、アリをよけて歩くようになったのです。それまではお母さんがいくら「命を大切にしなさい！」と叱っても、まったく言うことをきかなかった子でした。それは

「絵本は、お母さんのイライラや、叱る回数を減らすことができるものなのかもしれない」と感じた出来事でもありました。

それからは、当時0歳児だったわが子でも、いろいろと試してみました。すると、生活のあらゆるシーンに絵本を使うことで、イライラしないですむことをたくさん発見しました。その体験を、私の絵本の読み聞かせ講座に参加したお母さんに伝えると、後日「1発で効きました！　びっくり！」「いつも子育てに疲れていたのに、絵本の力を借りることで、こんなに穏やかに過ごせるなんて」という感想が続々と届くようになったのです。どのお母さんも悩みから解放されて、ピカピカの笑顔になっていました。中には「つらい気持ちが楽になりました」と涙ぐむお母さんも。今では、同じように子育てに悩むお母さんたちに、絵本の力を伝えたいと言ってくださる方たちもいます。

お恥ずかしいことに、絵本の力に気づく以前の私は、招かれた小学校や園などで読み聞かせをしても、子どもたちからつまらなそうな反応をされることが少なくありませんでした。テレビ局のアナウンサーとして、「伝えること」を生業《なりわい》としていたのに、です。独立してからは、大手声優事務所の養成所から出直して、声の表現のプロとして、当時のＮＨＫの朗読番組や、絵本のナレーションの仕事もしていたので、子どもたちの反応にはとても困惑したことを昨日のことのように思い出します。

子どもが喜ぶ読み聞かせがしたい。その一心で、勇気を振り絞って、絵本を片手に１人、公園に行きました。公園を選んだ理由は、「子どもが楽しいと思う読み方は、当の子どもに教えてもらえばいいのでは」と思ったからです。それ以後、滑り台やブランコ、砂場などで、子どもが夢中になって遊んでいる時に、どうしたら私の読み聞かせへと関心を移すことができるのか、日々工夫を重ねました。

まず、声でした。プロの整った声は、「うまいね！」とは言われるものの、子どもの心を素通りするのです。でもそうではなくて、普段わが子に話すような声で、普段話すようなリズムで絵本を読むと、公園の子どもたちも、次第に集まってくれるようになったのです。

絵本によって、個性があることにも気づきました。必要以上に感情を込めず、棒読みをした方が、絵が引き立って楽しめる絵本。子どもたちの目を見て、反応を確かめながら、緩急や間、自分の顔の表情まで演出すると、子どもに大ウケする絵本もありました。

最終的にたどり着いたのは、「うまく読もうとすると、子どもの心は離れる」ということでした。子どもはうまく読む人ではなく、自分の目をやさしく見て、自分を大切に思い、楽しい時間を一緒に過ごしてくれる人を望んでいたのです。

本書は、日々思わぬ行動をとる子どもにイライラしながらも、わが子を愛し、子育てを一生懸命、頑張っているお母さんたちへ贈る本です。この方法で子どもは必ず変わります。子育てが楽になる「絵本レシピ」。どうぞ、日々の生活の中でお役立てください。お母さんが幸せを感じる時間がふえますように…。

絵本スタイリスト® 景山聖子

もくじ

おはなし

《親子の時間が豊かになる、読み聞かせのコツ4》

❶100回叱るより、1冊の絵本

ルールや善悪がまだ理解できていない子どもに、「ダメでしょ!」「何度言ったらわかるの?」と、大人の理論で叱っても、当の本人にはうまく伝わりません。そんな時は叱るより、ただ絵本を読んであげてください。絵本がお母さんの伝えたいこと、理解してほしいことを代弁してくれます。絵本を通すことで、子どもの心に届き、やがて子どもの行動が変わります。本書では多くの親子に効果のあった絵本のみを選《え》りすぐりました。読み聞かせる時は、「ちゃんと座って聴いて!」というような厳しい雰囲気ではなく、子どもと絵本を楽しむ気持ちでお母さんも一緒にお話を楽しんでください。

❷教育の意識で読むのをやめましょう

読み聞かせは、語彙が増える、読解力向上、想像力・集中力が育まれるなど、多くの教育的効果が期待できるといわれています。しかし、このことをお母さんが期待しすぎると、子どもは絵本が嫌いになってしまいます。読み聞かせは親子のコミュニケーションであり、愛情表現の時間なので、うまく読む必要もありません。絵本で幸せな親子の時間を楽しむことで、自然と子どもは本が好きになり、就学後も国語の勉強を身近に感じるようになります。

❸読んだ後、感想は聞かないで

読み聞かせ後、「どう思った？」と感想を聞くことは、本書ではおすすめしません。子どもなりに多くのことを感じていても、まだ上手に言葉にできないことがあり、ムリに感想を聞かれると戸惑ってしまうのです。その代わり、読後の「ごっこ遊び」「お絵描き」で、気持ちを表現させてあげると、子どもの心の内側で想像力や感受性がどんどん育まれていきます。感想を聞くのは就学後がおすすめです。

❹良い絵本は100年先まで受け継がれます

親子で楽しんだ思い出の絵本を、大人になった子どもが、どこかで手にすることもあるでしょう。なぜなら良い絵本は100年先まで受け継がれるからです。絵本を開くとき、子どもは母親を思い出して、「お母さんは、精一杯、私を愛してくれていたんだ」と感じることでしょう。成長したからこそ、伝わることがあります。「私はあなたを、いつでも全力で愛している」という気持ちを、子どもの未来へ贈る手紙として、絵本に託しましょう。

第1章

お母さんが怒ってしまう時

毎日の生活編

毎朝、「早く！早く！」とせかしたくない！

お母さん（あるいはお父さん）には、毎朝子どもを「幼稚園や保育園に送り出す」という重要なミッションがあります。でも、「時間に間に合うように身じたくをする」という習慣がまだ身についていない子どもはマイペースで過ごし、お母さんはついイライラ。「早く！早く！」とせかせてしまいがちです。そんな朝の「あるある」に悩まされる時こそ、絵本の力に頼ってみましょう。

『こぐまちゃんおはよう』のこぐまちゃんは、2歳くらいの子どもには、あこがれの存在として映るようです。なぜなら、歯磨きも、顔を洗うことも、朝ごはんをたくさん食べることも、「みてて　みてて」と得意げに、全部自分でできるからです。寝起きの悪い子には、「こぐまち

『こぐまちゃんおはよう』　わかやま けん／作
こぐま社

ゃん、おはよう〜」と、絵本の表紙を見せながら起こしてみてください。こぐまちゃんは、朝起きてすぐに顔を洗いに行くので、「こぐまちゃ〜ん」と呼ばれることで、自分もその気になって、洗面所に飛んでいきます。

朝ごはんの時は、こぐまちゃんがおいしそうに食べている絵を見せながら、「こぐまちゃんはどの食べ物もみんな好きで、いっぱい食べるんだって」と声かけしましょう。そして、こぐまちゃんへの憧《あこが》れから残さず食べ終えることができたり、ひと口でも嫌いなものに挑戦できたりしたら、ぜひほめてください。この絵本を通して、「朝の身じたくが劇的にラクになった」というお母さんが大勢いますよ。

『ななちゃんのおきがえ』は、主人公のななちゃんが、自分1人で着替えを完成させるお話です。お母さんの朝の悩みに多いのが、この着替えの時間。ぼーっとしたり、遊びだしたり。でもこの絵本は、「自分でお着替えができる、ななちゃんのようになりたい！」というあこがれを、子どもに抱かせてくれます。絵本は読み聞かせをしておい

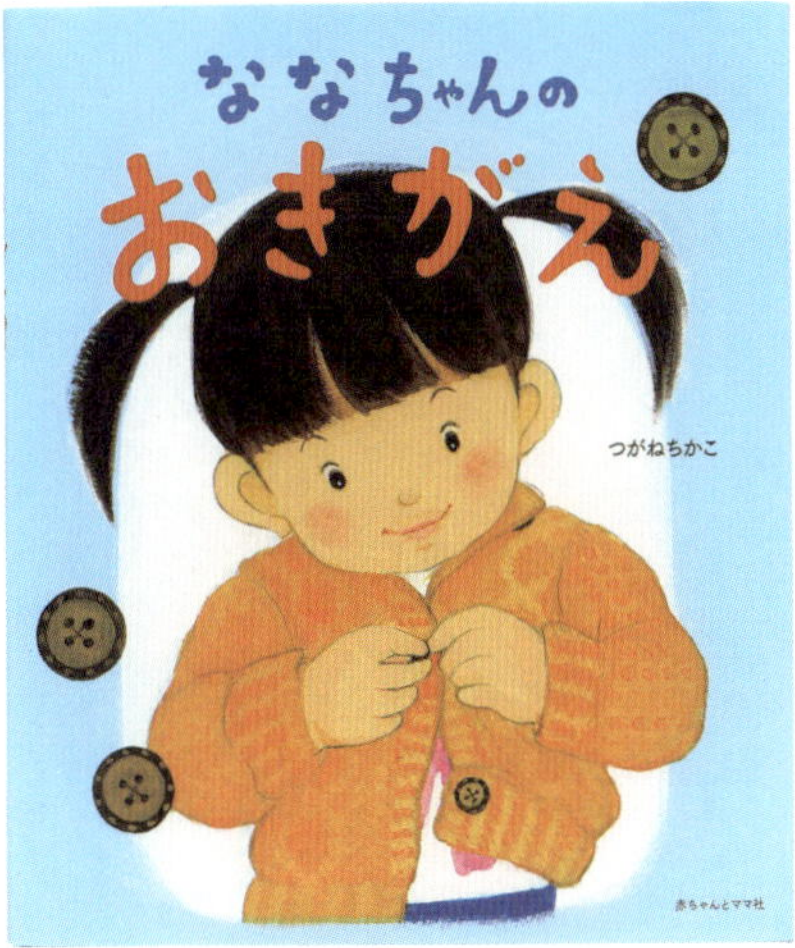

『ななちゃんのおきがえ』
つがね ちかこ／作
赤ちゃんとママ社

て、お母さんが着替えのポイントを教える時は、まず、視覚的に絵本に描かれている方法を無言で見せます。その後言葉で説明するのが、子どもが理解しやすいやり方です。一度に話しながらやってみせると混乱しやすいのです。

絵本『したく』のように、お母さんの手のひらサイズのものもおすすめです。ほかにも、『おはよう』『あさごはん』『くつくつあるけ』などの朝のしたくに役立つ絵本もあります。これらの絵本を、一連の朝の身じたくの順に合わせて、「できたら、その絵本をラックにしまおう！」という遊びも、合わせて楽しんでみてください。「早く絵本を並べたくて、自分からどんどん身じたくをするようになった」というお母さんの声も多数。絵本は読むだけでなく、子どもの自律性も育んでくれる力があるのです。

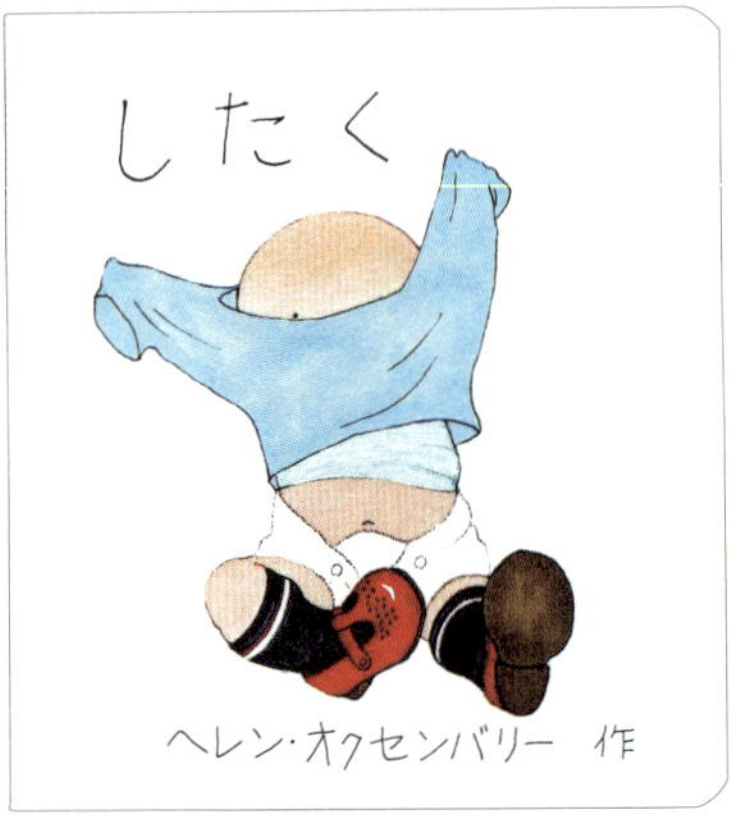

『したく』 ヘレン・オクセンバリー／作
文化出版局

「ものを大切にできない子」に手を焼いた時

5歳の男の子のお母さんAさんは、おもちゃを投げつける息子に手を焼いていました。持っているおもちゃもすぐに飽きてしまい、違うものが欲しいとねだります。

そこでAさんには、『おじいさんならできる』という絵本をおすすめしました。この絵本の内容は、おじいさんが孫のヨゼフに、自分で縫ったブランケットを贈ります。ヨゼフの成長とともに、ブランケットはおじいさんの手縫いにより形を変えていきます。ブランケットがボロボロになると、ヨゼフのジャケットやベストに。それも着られなくなると、今度はネクタイに。ヨゼフはブランケットから生まれ変わるものを長

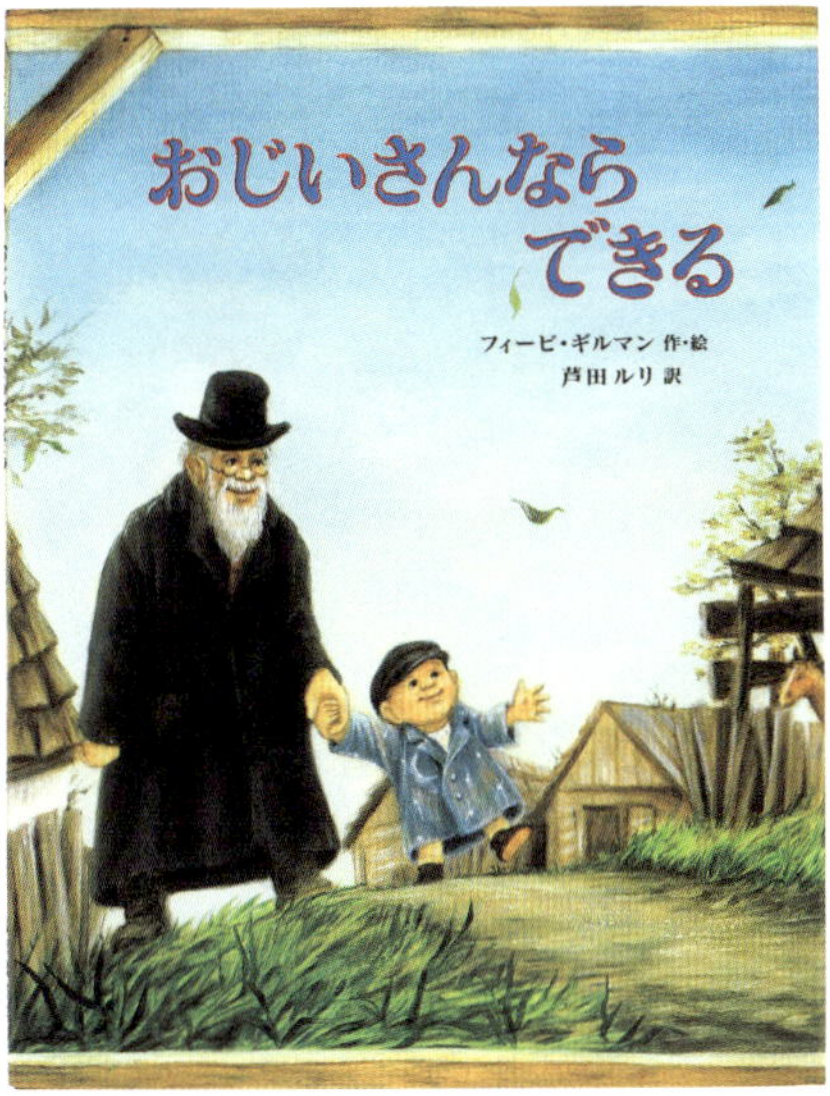

『おじいさんならできる』 フィービ・ギルマン／作
芦田ルリ／訳 福音館書店

く使い続け、ものを大切にする気持ちを持つ子に成長するというお話です。

絵本を読みながら、お母さんは息子に「ものを大切にするって、素敵だね」と言いました。すると息子は、おもちゃを投げることも、すぐに違うおもちゃをねだることも躊躇《ちゅうちょ》するようになったというのです。普段「おもちゃを投げてはダメ！」「次々に新しいおもちゃを欲しがらない！」と叱っても効果はなく、最後はいつも怒鳴っていたAさん。子どもの行動が、たった1冊の絵本で変わったことに驚いていました。

アメリカの心理学者ミルトン・エリクソン博士*は、言葉の使い方によって、多くの人の心を治療した医学博士です。エリクソン博士の提唱する多くの学説の中に、「否定命令」という言葉の使い方があります。これは「～してはいけません」と言われるほど、「それをしなさい」と命令されているような気持ちになり、実際にやってしまうという使い方です。ですから、お母さんが、「おもちゃを投げてはダメ」「新しいおもちゃを欲しがらない！」と言えば言うほど、子どもはおもちゃを投げたくなったり、新しいものを欲しがったりしてしまうのです。

*【参考】『ミルトン・エリクソン心理療法』
ダン・ショート、ベティ・アリス・エリクソン他／著　春秋社

『そおっと そおっとね』は、女の子がケーキを運ぶお話。気をつけながら、ゆっくりそおっと歩きます。

子どもにやめてほしい行動がある時は、叱るのではなく、「おもちゃを、そおっとそおっとね、おいてあげようね」「今のおもちゃたちを大切にしようね」など、絵本の言葉を上手に使って伝えましょう。あるいは、この2冊のような、ものを大切にする内容の絵本を読んであげるだけでもOKです。

『そおっと そおっとね』 たんじ あきこ／作
ほるぷ出版

歯磨きを嫌がる子に

食後の歯磨きにひと苦労！　というお母さんのために、ここでは強力なお助け絵本を2冊ご紹介しましょう。

魔の2歳児といわれる「イヤイヤ期」の子も、なんらかの理由で歯磨きが嫌いになってしまった子も、歯を磨く時間が楽しくなる絵本です。

『はみがきれっしゃ』は、子どもが食事を終えると、れっしゃに見立てた歯ブラシがやってきて、「はみがきれっしゃ　しゅっぱつ　しんこう〜！」と、歯磨きをしてくれるお話です。食事後や寝る前、この絵本に繰り返し出てくる「しゅっ　しゅっしゅっ……はみがきれっしゃ　しゅっぱつ　しんこう！」というキメ台詞《ぜりふ》をお母さんがつぶやきながら仕上げ磨きをすると、楽しい歯磨きが習慣化します。

次は、歯磨きを嫌がるわが子をいつも叱っていたという、お母さんの声です。

「うちの子は、歯磨きを嫌がります。でも、口の中の細菌が寝ている間に増えると言われる夜だけでも……と思い、叱りながら無理やり歯磨きをしていました。でも、『はみがきれっしゃ』を読み聞かせするようになってからは、〝しゅっ、しゅっ……〟と言うだけで、笑って口を開けてくれます。叱らずにできるしつけがあ

はみがきれっしゃ
くぼまちこ
しゅっぱつしんこう!

『はみがきれっしゃ』 くぼ まちこ／作　アリス館

はみがきしましょ
しかけえほん

『はみがきしましょ』
レスリー・マクガイアー／作
ジーン・ピジョン／絵
きたむら まさお／訳　大日本絵画

ることを知りました」（3歳男の子のお母さん／Fさん）

2冊目にご紹介する『はみがきしましょ』は、仕掛け絵本です。ライオン、かば、チンパンジーなど、いろいろな動物が歯磨きをします。ページをめくると、口がパカパカ開いたり閉じたり。絵本には実際に動かせる歯ブラシもついています。

「今日は、かばさんと一緒に歯磨きする？　チンパンジーくんにする？」などと話しながら、絵本を見せてください。お母さんが絵本の動物の歯磨きをしてあげると、それを見ながら、子どもも同じように自分の歯ブラシを動かします。子どもが途中で、絵本の「動物の歯磨きをしたい」と言い出すこともよくあります。そうしたら、叱るかわりに絵本を渡してあげましょう。すると子どもは、素直にお母さんに仕上げ磨きをさせてくれます。

この絵本を使ったお母さんの声も紹介しましょう。

「今まで、〝歯磨きをしないと歯が痛くなって、大好きなアイスも食べられなくなるよ！〟と言いながら強制的に歯磨きをさせていましたが、子どもを脅しているようで嫌でした。でもある日、子どもが、絵本の動物の歯を磨いてあげながら、〝これでアイスが食べられるよ～〟と、やさしく話している姿を見て、本当は自分も、子どもにそんなふうに言ってあげたかったんだと気づき、涙がこぼれました」

（2歳女の子のお母さん／Bさん）

お母さんはいつも、わが子のために一生懸命。「虫歯になったら大変」と思うがあまり、つい強引になってしまうこともあるでしょう。嫌がる子どもを叱る時、つらい気持ちになるのもお母さんです。でもこの2冊の絵本は、お母さんを楽に、子どもを歯磨き好きにしてくれます。その強力な効果は、いろいろなお母さんで実証済み。ぜひ試してくださいね。

公共の場で、泣いたり＆騒いだり

スーパーやお店でおもちゃやお菓子を欲しがって駄々をこねる、電車の中で泣き出したり、レストランで大騒ぎ！……などなど、お母さんはまわりの目が気になるし、キツく叱るほど子どもは言うことを聞かなくて、困り果てることがありますよね。

でも、そんな時は叱るよりも、1冊の絵本。絵本の言葉を使ってやさしく伝えると、子どもは素直に聞いてくれます。ここでは、3つの「あるあるシーン」を助ける絵本をご紹介します。

お店でものを欲しがって、駄々をこねる時のお助け絵本は、『だいすき　ぎゅっ　ぎゅっ』。うさぎの親子が何度もぎゅっと抱き合うお話ですが、お母さんのたっぷり

『だいすき　ぎゅっ　ぎゅっ』
フィルス・ゲイシャイトー、
ミム・グリーン／作
ディヴィット・ウォーカー／
福本友美子／訳
岩崎書店

の愛情を感じて、子どもが何度も読んで欲しがる絵本です。「だいすき　ぎゅっ　ぎゅっ」という言葉が、繰り返し出てきます。この言葉に合わせて、「だいすき〜」で、お母さんが両手を広げ、「ぎゅっぎゅっ」で、飛び込んでくるわが子を抱きしめる。これをゲームのように、日常の読み聞かせの時から楽しんでください。

次は、２歳の男の子のお母さんＦさんのお話です。

「スーパーでいつものように、子どもがお菓子を欲しがって泣き叫び、床に転がって駄々をこねました。その時、〝だいすき〜〟と言いながら、両手を広げて笑顔で待ちました。１回ではダメですが、何度か繰り返し待つと、〝ぎゅっぎゅっ！〟と言いながら、子どもも泣きじゃくりながらも、自分で私の胸に飛び込んできました。その姿がとても愛しく見えました」

『はい　どうぞ』
原優子／人形デザイン
佐古百美／絵
金の星社

子どもが電車の中などで騒ぐ時は、『はい　どうぞ』。この絵本は、積み木や太鼓など、子どもの大好きなおもちゃがページをめくるごとに現れます。表紙のうさぎが指人形になっているので、動かしながらお母さんが話しかけると、子どもはもちろん、赤ちゃんも注目します。子どもは、大好きなお友達に「遊ぼうよ」と言われているような気持ちになって、お母さんのお願いを静かに受け入れてくれるようになりますよ。

「電車の中でいつ泣き出されるか、まわりの目が恐怖で、いつもスマホで動画を見せていました。でも、『はい　どうぞ』についてくるうさぎの指人形を使って、〝どうしたの？　あ〜そ〜ぼ！〟と、電車で泣き出した子に話しかけたら、うさぎを握りしめて泣き止みました。周りにいた方たちも、〝うさちゃんですよ〜〟と、自然に参加をしてくれて、和やかな空間になりました」（10か月女の子のお母さん／Mさん）

「電車の中で子どもが大きい声を出したので、指人形のうさぎを動かしながら、〝静かにできる子だってママから聞いているよ。小さい声で話そうね〟と言ったら静かになりました。私が叱っても言うことを聞かないのに、〝うさぎ様様！〟です」

（1歳男の子のお母さん／Sさん）

レストランで騒がれる時のお助け絵本は、『しーっ』。この本には、いろいろな理由で騒ぐ子が登場します。その子たちに小さな声で話すことや、その行動をやめる合図の「しーっ」が繰り返されます。この絵本を楽しく繰り返し、読み聞かせていたママのお話です。

「静かにしなさい！　と叱るかわりに、〝しーっ〟と言うと、子どもも〝しーっ〟と言いながら、自然にやめるようになりました」（3歳男の子のお母さん／Oさん）

3冊の絵本、お母さんのレスキュー隊として活躍するでしょう。

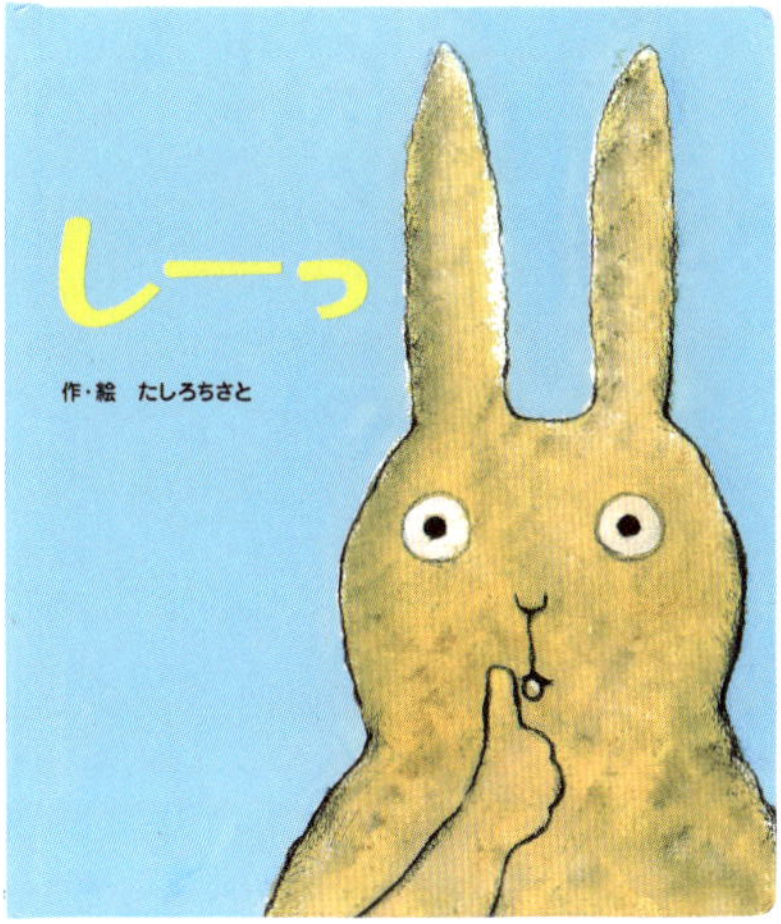

『しーっ』
たしろちさと／作
フレーベル館

出したら出しっぱなしで、片付けない！

お片付けの習慣が楽しく身につく、２冊の絵本をご紹介しましょう。

１歳くらいの、まだ赤ちゃんの時期から読み聞かせができる『みんな　おかえり』や、３歳くらいの、散らかし方もダイナミックになる頃に役立つ『かたづけないとどうなるの？』の２冊です。

１歳ぐらいのまだ小さい子どもは、「片付けなさい！」と言われても、どうすればいいのか、その意味がまだ理解できません。なので「おもちゃは、自分のおうちに帰してあげようね」と具体的に伝えると、「片付け＝ものを元の場所に戻す」という意味がわかるようになるのです。

絵本『みんな　おかえり』は、「つみきは、つみきのおうちへみんなで帰るんだよ」と、やさしく伝えてくれています。この絵本を見ながら、読み聞かせながら、わが子のおもちゃも、それぞれのおうち（戻す場所）を子どもの背の届く位置などに決めて、一緒に片付けてみましょう。片付いたらその都度、手を叩きながら「帰れたね〜」「よかったね〜」とほめてあげましょう。

次は実際のお母さんの声です。

「おもちゃにも帰るおうちがあることを絵本で知ると、〝おうちに返してあげないと、おもちゃもパパやママに会えないね〟と言いながら、自分で片付けるようになりました」（2歳女の子のお母さん）

もう1冊は、今も愛されているヒーロー、ウルトラマンの絵本です。3歳の女の子のお母さんTさんは、整理整頓された部屋で、すっきりと過ごしたいと思っていました。でも子どもがおもちゃを出すと、箱ごとひっくり返し、一瞬で雑然とした部屋に……。お母さんにとっては、これがとてもストレスでした。そこで

『みんな　おかえり』
飯森ミホ／作　金の星社

おすすめしたのが、『かたづけしないとどうなるの？』という絵本。女の子でも、この絵本のヒーローからのひと言「かたづけを　したほうが　いいんじゃない？」は、効き目があったそうです。お母さんが何度注意してもダメだったのに、「ウルトラセブンがいうから」と片付けるようになったとか。

この絵本では、メトロンせいじんが片付けることができず、部屋の中が足の踏み場もないほど散らかり放題になっています。読み聞かせの場でも、メトロンせいじんがものを踏んで痛い思いをしたり、つまづいて引っくり返ってしまうシーンを派手に読むと、子どもはお腹を抱えて大笑い、「もう1回読んで！」コールの嵐になります。絵本を読んで楽しくなる気持ちと、片付けることの気持ち良さを教えてくれる絵本です。

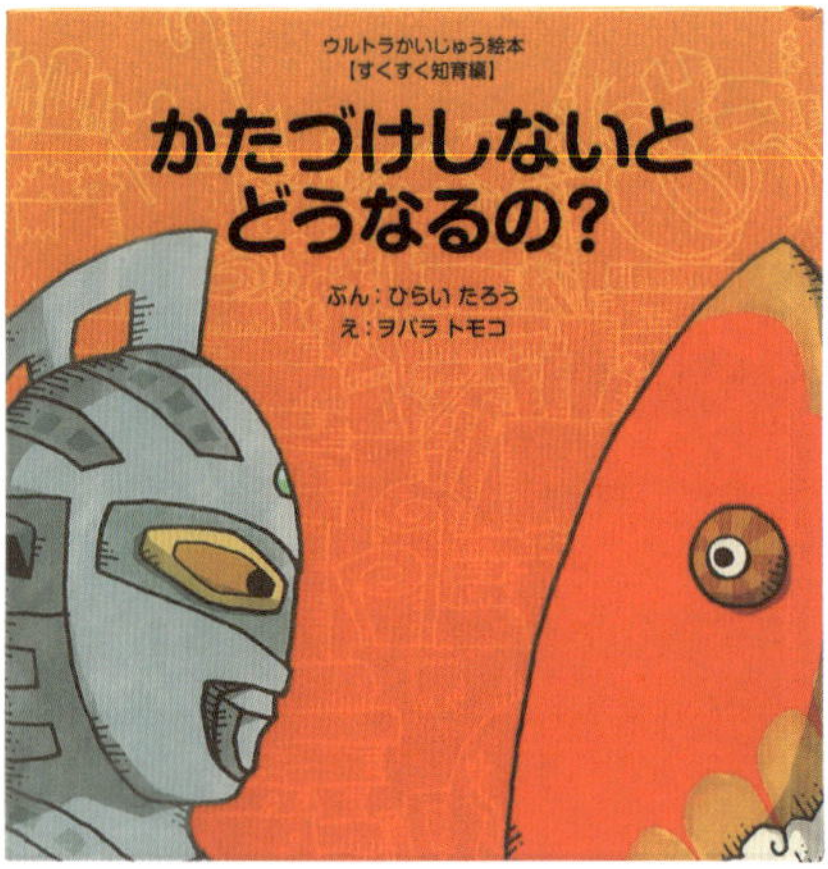

『かたづけしないと どうなるの？』
ひらい たろう／作
ヲバラ　トモコ／絵
あいうえお館

「〝私もメトロンせいじんみたいに、ブロックを踏んじゃってすごく痛かったから、片付けようっと！〞と言うので、思わず笑ってしまいました」

（5歳女の子のお母さん／Kさん）

「片付けが苦手……」というお母さんも、ぜひ子どもと一緒に楽しんでほしい絵本です。

朝、幼稚園や保育園に行くのを嫌がる

朝、登園のしたくを嫌がったり、いざ登園しても、別れ際にお母さんにすがりついて、大声で泣いたり……。しょっちゅう子どもが園に行きたがらないと、お母さんも心が折れてしまいますよね。

でも、子どもが登園を嫌がる時には、子どもなりの理由があります。でもまだ語彙が少なく、上手に伝える術を持たない子どもは、思っていることを上手に伝えられません。そのため親子の気持ちがすれ違ってしまうこともしばしば。そんな時におすすめなのが、この2冊の絵本です。

『ようちえんいやや』　長谷川義史／作　童心社

ここでご紹介する2冊の絵本には、子どもが幼稚園や保育園を嫌がる理由がたくさん紹介されています。絵本『ようちえんいやや』に出てくるのは、たとえば「いちごが　すきやのに　ももぐみやから　いややー」という、なんともかわいらしい理由。絵本『なきむしようちえん』では、ヤギに追いかけ回されたという心の傷が、登園を嫌がる理由でした。子どもは、自分の気持ちをうまく伝えられない時、絵本に共感することによって、お母さんに一生懸命伝えようとします。

次は、この2冊の絵本を読んだお母さんの声です。

『なきむしようちえん』で、いろいろな嫌なことを乗り越えた主人公を見て、〝この子みたいになる……〟と言った娘の姿に、子どもには自分で乗り越える力があることを知りました。心配はもうやめて、娘の力を信じようと思えまし

『なきむしようちえん』　長崎源之助／作
西村繁男／絵　童心社

た」
（4歳女の子のお母さん／Kさん）

「『ようちえんいやや』を読んでいたら、最後の〝おかあちゃんと　いちにち　いっしょに　いたいだけなんやー〟という主人公のセリフのところで、息子が私に抱き付いてきました。朝泣くのは園が嫌いなのではなく、私と一緒にいたかったのかと、思わず目頭が熱くなりました」
（3歳男の子のお母さん／Gさん）

この2冊のように、登園を嫌がる子がたくさん登場する絵本を読み聞かせた後は、「嫌なんだね、この絵本の子は、これが嫌なんだね」と、お母さんが子どもの気持ちを代弁してあげましょう。お母さんが絵本を通じて子どもに共感してあげると、子どもは自然と自分の気持ちを口にするように変わっていきます。

おねしょがなおらない！

小学2年生の男の子のお母さんNさんは、私にこんな話をしてくれました。

「小学生にもなって、夜のおねしょがまだ頻繁にあるんです。義母から〝あなたが働いているから、寂しくておねしょをするんじゃないの？〟と、愛情不足だと責められました。

ある朝、濡れたお布団を見てつい感情的になってしまい、〝ママの仕事を増やさないで！〟と怒鳴ってしまいました。するとその日の夕方、大好きなお味噌汁を残した息子。お風呂上がり、いつも必ず飲む水も飲もうとしません。そのまま布団へ入ろうとするので、〝どうしたの？〟と聞くと、〝おしっこしたいのがわからないくらいにすごくよく寝ちゃうから、水を飲まなければ大丈夫かなと思って。ごめんね…、ママ〟と言われ、ハッとしました」

そこでNさんには、『もう、おねしょしないもん』という絵本を紹介しました。このお話は、おねしょが続く主人公のバニーちゃんに対して、「うんと、うんと　たく

さんの　こたちが　おねしょ　してるんだよ」と、お母さんとお父さんが優しく見守るお話です。Nさんは、この絵本を読んだ後、義母に「まだおねしょをしているの？」と聞かれても、あまり気にならなくなったそうです。そして、「大丈夫。ママは待つからね」と思えたそうです。

この絵本の解説には、「子どもは3歳児では40％、4歳児30％、5歳児でも15％は、夜間のおしっこがうまくがまんできない」というデータも紹介されています。そのためNさんは、「7歳の子のママの中には、きっと私と同じ思いの人もいるはずよね」と励まされたそうです。おねしょは、「してはいけない」と思うほど、それが子どものプレッシャーになって、失敗してしまうという子どもの発達の専門家による意見もあります。最近は「おねしょは、してはいけないものではない」という考え方もあるので、参考にしてください。

Nくんは、絵本を読んでから2か月足らずのうちに、自然とおねしょを卒業できたそうです。絵本には、「物語の世界を通して、子どもは多くの疑似体験ができる」という力があります。この絵本を何度も読んでもらったNくんは、「おねしょがなおった！」という疑似体験をたくさんすることができたのですね。同時にお母さんの心にも、「親は子どもの成長を信じて、笑顔で見守ることが大事」という、絵本のメッセージが届いたのです。（これはあくまでもひとつの例ですが、お子さんの成長や発達が心配な時は、医療関係などの専門家に相談することもおすすめします）。

『もう、おねしょしないもん』
マリベス・ボルツ／作　キャシー・パーキンソン／絵
小川仁央／訳　評論社

家でも外でも、食事が毎回、大騒ぎ！

ここでは、まだ上手に食事ができなかったり、集中できなかったり…というわが子に頭を悩ますお母さんのための、レスキュー絵本を紹介します。

『どうぶつえん』は、布絵本です。いろいろな動物が出てくるお話で、絵本を振ってみると、赤ちゃんの大好きな「カサカサ」という音もします。赤ちゃんは何にでも触ろうとして、あちこちに手を伸ばしますね。でも、「何かに触れたい」という気持ちは、赤ちゃんの成長の現れでもあります。むやみに叱らなくてもいいように、赤ちゃんの気持ちを大切にしながら、安全なものに触らせてあげましょう。ご紹介したような、万が一なめたり、汚

『どうぶつえん』（あかちゃんのはじめて布えほん）
エドワード・アンダーウッド、リサ・ジョーンズ／絵
すずき　ゆりいか／訳　世界文化社

しても洗える布絵本を上手に活用してください。
次は、子連れ外食に出かけたレストランで、落ち着いて食事ができなかったというお母さんの声です。

「8か月の娘がレストランで、目を離したすきに、プラスティック製のメニューに手を伸ばして角で指を切ってしまいました。たまの外食を楽しみたいと思っても、まだ幼い娘はつねに、テーブルの上のものを触ろうとするため、落ち着いて食事ができません。でもある時、布絵本を与えてみたところ、娘は絵本を握ったり、めくったり、布のライオンを引っ張ったりと、指を動かすことで落ち着きました。20分くらいという短い時間ながらも、私も食事を楽しむことができました」

（8か月女の子のお母さん／Kさん）

『ぴよちゃんありがとう』は、お母さん自身が癒やされると評判の赤ちゃん絵本です。この絵本には、「ありがとう」という言葉がたくさん出てきます。読んだ後、子どもがスプーンを投げようとした時、お母さんは「ありがとう」と言って、手のひらを出してください。すると子どもは、お母さんの手のひらにスプーンを置いてくれるようになります。2～3歳でも、まだ「散らかしながら食べる」という子の場合は、「お口にちゃんと入れてくれて、ありがとうね」と伝えましょう。すると、子どもなりに丁寧に食べようとしてくれます。

次は、食事のたびに食べこぼしたものを拭き掃除して、ヘトヘトになっていたお母さんの声です。

「何度言っても、娘は面白がってスプーンを投げたり、食べ散らかしたりするので、うんざりしていました。でも、この絵本を読み、私のイライラした気持ちも落ち着いたので、〝上手にお口に入れられたら、ママうれしいな〟と子どもに素直な気持ちが伝えられました。すると驚いたことに、娘はこれまでと違い、きれいに食事をしようとしてくれたのです。さらに〝ちゃんとお口にいれてくれて、ありがとうね〟と言うと、もっと丁寧に食べようとし

『ぴよちゃんのありがとう　おやこであそぶしかけえほん』
いりやま　さとし／作　学習研究社

てくれました。スプーンをいつものように投げようとした時も、〝ありがとう、ちょうだい〟と伝えたら、渡してくれました。うちの子は、素直ないい子だったんだなと思えて、思わず涙が出てきました」（3歳女の子のお母さん／Uさん）

絵本は、子どものしつけだけではなく、子育てで疲労困憊《こんぱい》したお母さんの心も癒やす力があるのです。

お風呂が嫌い、入るとなかなか出ない

お風呂嫌いで、なかなか入りたがらない子。反対に、一度お風呂に入ったら、なかなか出ようとしない子。お風呂タイムがスムーズに終わらない……というのは、お母さんの悩みのタネですね。

子どもに絵本の読み聞かせをしていると、こんなことが起こります。2歳の子に、さくらんぼの絵本を読み聞かせると、絵本の中に描かれているさくらんぼを手でつまむマネをして、それを口に運び、モグモグ。そして「おいしい!」と、ひと言。また、5歳の子どもに、こびとの絵本を読み聞かせると、その子は床に向かって、何やらブツブツと話し始めます。聞くと、「こびとと、お話していたの」とのこと。どうやら子どもは、絵本の世界を現実の世界に連れてくることができるようです。

そこで、お風呂タイムがスムーズに運ぶように、絵本を介して、そんな子どもの力を引き出してみましょう。

絵本『わにわにのおふろ』では、お風呂が大好きなわにわにが、楽しそうに歌を歌いながら、気持ち良さそうにお風呂に入ります。そしてお風呂上がりに、おいしそうに飲み物を飲むお話です。子どもにこの絵本を読み聞かせた後、「お風呂でわにわにが歌っているよ。聞こえる？」と話しかけてください。すると、多くの子どもは耳を澄まして「ほんとだ！」と反応してくれます。「わにわにが待っているから、早く行こう！」と、お風呂に誘うと、お風呂嫌いの子もわくわくしながらお風呂場に向かっていきます。

次は、この方法を試したお母さんのお話です。

「お風呂が大嫌いな娘。でも、〝わにわにがお風呂場で歌っているよ〜〟と声をかけると、一目散にお風呂場へ飛んでいき、恐る恐る扉を開けて、〝わにわにがいる！〟と目を丸くしていました。また、絵本に出てくるアヒルやカエルのおもちゃを湯船に浮かべておくと、〝わにわにはどっち？〟と、湯船に向かって話しています。娘には、今本当にわにわにが見えているんだなと、子どもの想像力に感心しました。今では、〝わにわにに会える場所〟と

『わにわにのおふろ』
小風さち／作
山口マオ／絵　福音館書店

して、お風呂が大好きになりました」（3歳女の子のお母さん／Hさん）

絵本『おふろだいすき』は、主人公のぼくが、お風呂に入ると次々に湯船から動物たちが登場する物語です。かめ、ペンギン、オットセイ……。お風呂の時間が、楽しい出会いの時間に変わる絵本です。文章が少し長いので、5歳ぐらいからの子どもにおすすめです。物語の中では、「50」数えたら出ることになっています。お風呂からなかなか出ない子には、お母さんが50を数え始め、30くらいになったら、「そろそろ動物たちともバイバイだね」と声をかけます。そして40くらいで、「あ！　かめくんは帰ったよ！」と続けます。子どもはだんだん心の準備が整って、50まできたら、「さぁ、出ようね。みんなも、またあしたね」と言うお母さんの合図で、お風呂から出るようになります。

次は、この絵本で、娘のお風呂嫌いが解決したと

『おふろだいすき』
松岡享子／作　林明子／絵　福音館書店

いうお母さんの話です。

「お風呂で数字を覚えさせようと思い、表を貼りました。〝これ、な～に？〟と指さしながら湯船に入りましたが、数字を覚えさせようという私の狙いが裏目に出てしまい、お風呂嫌いになってしまいました。表をはずしても、お風呂の時間になるとぐずるので、この絵本を読みました。すると自分からお風呂に入り、〝ママ、50よりも先を、数えられるようになりたい！〟と。今では数字が大好きです」（4歳女の子のお母さん／Tさん）

私の息子は、お風呂が好きでなかなか出ようとしない子でした。「そろそろ出て、わにわにと麦茶を飲もうね」と言うと、嬉々《きき》として自分からお風呂場を後にします。そして、「あれ～。絵本では、りんごジュースだよ」など、自分の飲みたいジュースをねだるのです。さすがに、「あれは、アイスクリームだったよ」といった日は、「ちがうでしょ～」と笑いながら言いました。わにわにの絵本のお陰で、お風呂からなかなか出なかったという悩みが、思い出すと楽しい親子のやりとりに変わったことに、私自身もとても感謝しています。

「寝かしつけが10分」になる魔法の絵本

「明日の仕事の準備がまだ残っている…」とか、「楽しみにしているドラマの日！」など、お母さんのフリータイムは、子どもが眠った後にようやく訪れます。でも、「早く寝て欲しい」という時ほど、なぜか子どもは寝てくれません。

表情やしぐさから子どもは、その人の心の中の動きを感じ取るアンテナが大人よりも敏感です。いくらお母さんが、「早く寝ようね」と優しく声かけをしても、「今日は早く寝て欲しい！」というお母さんの心の中の焦りを、そのアンテナでしっかりキャッチしているのです。また、お母さんが隣で添い寝をしていても、子どもが寝た後のことで頭がいっぱいで、自分に気持ちが向いていないということも感づいています。すると、「寝たかな……」と思って離れようとすると、不安になって目が覚めたり、泣き出したり。そんな時、子どもが安心して、10分で眠りについてくれる方法をご紹介しましょう。もちろん、絵本の力を借りるのですが、そのポイントは次の4つです。

ポイント❶
冒険ものなど、わくわくする絵本はやめましょう。興奮して目が覚めてしまいます。
『ねんねん ねむねむ おやすみね』は、寝かしつけ用の絵本です。世界中の動物たちが幸せそうにおねむの時間をむかえます。子どもに囁《ささや》くように読むだけで、眠りをさそいます。**『チリとチリリ うみのおはなし』**（48ページ）は、二人の女の子チリとチリリが自転車で旅するシリーズものです。ファンタジックな世界観が、子どもを夢に誘います。寝かしつけには、心落ち着く絵本を選びましょう。

ポイント❷
布団の中での読み聞かせは、「今日は、何冊までね」と、最初に約束しましょう。「何を読む？」と聞くと、たくさん持ってきてしまうことがあるので、「2冊、それとも3

『ねんねん ねむねむ おやすみね』
ジェニファー・バーン／作
デイヴィッド・ウォーカー／絵
福本友美子／訳 岩崎書店

冊？　どっちがいい？」と聞きましょう。この時、子どもが自分で読みたい絵本を選ばせると、「自分で選んだ」という達成感から、冊数の約束も守ります。また、あらかじめ、冒険ものを外しておくことも忘れずに。

ポイント❸

布団の中に入り、肌をくっつけて読みましょう。すると子どもはお母さんに守られているような安心感から、次第にうとうとします。

ポイント❹

これまでの経験から、「寝かしつけの魔法の言葉」を作ったので、ご紹介します。大勢のお母さんが読み聞かせの間、この言葉をゆっくりと話すと、「10分以内に眠りについた」という声が多数。その魔法の言葉は、次の4つです。

「早く眠くならなくていいからね」「〝ふぁ〜〟と言って

『チリとチリリ　うみのおはなし』
どい かや／作
アリス館

みよう。（あくびをする）あくびが出たねぇ。なんだか眠くなってきたね」「ママの声を聞いていると、だんだん体がふわふわしてくるんだよ」「ページをめくる音は、幸せな夢を運んでくるよ」。

次は、この４つのポイントを試した、お母さんたちの声です。

「夜はやることがたくさんあって、読み聞かせどころではありませんでした。でも、子どもとくっついて絵本を読むと、翌日起きた時、疲れが取れているんです。子どもも私の上に乗ったり、くっついて聞いたりすると安心するのか、5～6分で寝てしまうように。それまでは余裕がなくて、子どもとしっかり向き合っていなかったことに気づきました。今は夜の5分の読み聞かせの時間が、子どもを受け止める時間になっています」（4歳男の子のお母さん／Sさん）

「家事がまだたくさん残っているのに、子どもは全然寝てくれずに困っていました。最後は、〝もう寝なさい！〟と叱ってしまい、無理やり寝かせていたのです。でも穏やかな内容の『チリとチリリ』のような絵本を、魔法の言葉をゆっくり話しながら読んだら、10分くらいで寝てくれるようになりました！」（6歳男の子、3歳女の子のお母さん／Mさん）

無理やり叱って寝かしつけたり、お母さんが寝たふりをして寝かしつけをしたりすると、子どもの1日の終わりを、ネガティブなものにしてしまいかねません。絵本の力を借りて、お母さんにとっても子どもにとっても、楽しい1日の終わりになったら、お母さんもまた明日笑顔で頑張れるでしょう。

好き嫌いが激しい、少食の子に

子どもが苦手な食べ物を、無理に食べさせようとしてしまうことはありませんか？　その結果、子どもが「おいしくなさそう」「おいしくなかった」など、好き嫌いができてしまった、という経験を持つお母さんも多勢います。そんなふうに、子どもが嫌いになってしまった食べ物のイメージを、「おいしそう」に変えてくれる、魔法の絵本があります。イメージが変わったことで、「嫌いなものが好きになり、食べる量も増えた」というお母さんの感想がたくさんあった絵本をご紹介しましょう。

絵本『はっきよい畑場所』は、いろいろな野菜が登場しては相撲をし、面白おかしく勝ち負けを決めるお話です。「あぶらいため部屋・ぴーま岩」や「よ

『はっきよい畑場所』
かがくい ひろし／作
講談社

せなべ部屋・はくさい丸」など、ユニークな名前に子どもも思わず笑ってしまいます。子どもが相撲のルールを理解できるのでお母さんやお父さんとお相撲ごっこをしてから読むという方法も、おすすめです。

この絵本で、子どもがにんじんを大好きになったというお母さんの話です。

「息子はにんじん嫌いで、口からいつも出していました。そこで、〝さらだ部屋　にんじ若、○○ちゃんのお口の中で、のこった、のこった〜！〟と言いながら、子どもがにんじんを外へ出した時は、〝○○ちゃんの負け〜〟。反対に、少しでも食べることができたら、〝○○ちゃんの今日は勝ち〜！〟と声かけをしました。すると大笑いしながら、少しずつ食べるようになったのです。この絵本をきっかけに、相撲にも興味を持ったようです」（3歳男の子のお母さん／Fさん）

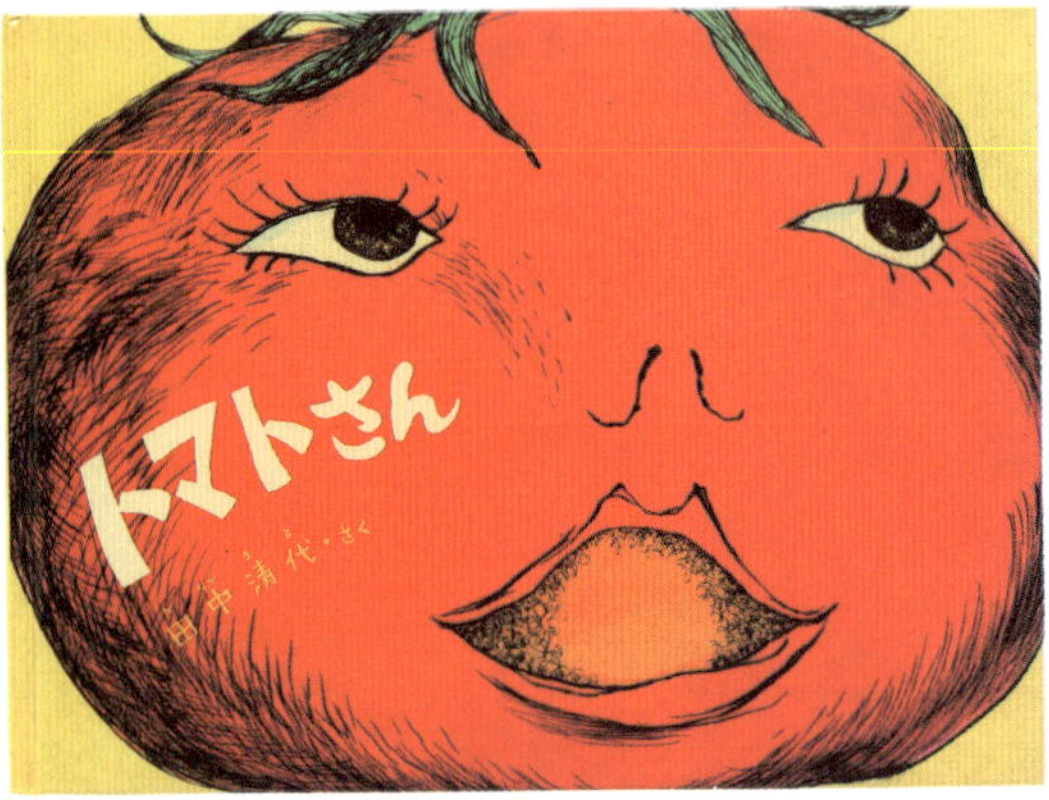

『トマトさん』　田中清代／作　福音館書店

絵本『トマトさん』は、個性的な顔立ちのトマトさんが主人公。でも、子どもに読み聞かせるとき、お母さんは「かわいくて健気《けなげ》なトマトさん」の気持ちになって読んであげるのがポイントです。すると子どもは、「トマトさん、かわいい〜」と、食べ物のトマトにも好感を持つようになります。内容は、大きくて自分では動けないトマトさんが、みんなの力を借りて動くお話。

次は、初めて食べたトマトがおいしくなくて、それ以来トマトを見ると、ほかの食べ物まで食べなくなってしまった……という子どもを持つお母さんの話です。

「娘はおいしくないトマトを食べて以来、見るのもイヤなようで食べようとしません。そこで、この絵本のトマトを、かわいい頑張り屋さんの性格にして読んでみました。その後は本物のトマトを見ると、〝この子、いい子だよね〟と、口に入れてくれたのです。〝今度こそ！〟と、とびきり甘いトマトを用意して、この瞬間を待っていました。〝トマトって、おいしかったんだね〟と言った娘の言葉が忘れられません」**（2歳女の子のお母さん／Nさん）**

スタンフォード大学のキャロル・S・ドゥエック教授の研究*に、「できたことをほめる」ことと、「やろうとした努力をほめる」ことでは、どちらのほうが人はより伸

＊【参考】『マインドセット「やればできる！」の研究』キャロル・S・ドゥエック／著　今西康子／訳　草思社

びるのかという実験結果があります。結果は、「努力をほめたほうが伸びた」ということでした。子どもの好き嫌いも同様に、まずは絵本で、苦手なものを「おいしそう」というイメージに変えてあげましょう。その後は、スプーンを持って食べようとしただけでも、そのチャレンジをほめて、「頑張ったね」と声をかけてあげてください。

「好き嫌いをすると大きくなれないよ！」「食べ終わるまで、遊んじゃダメ！」と、わが子を厳しく叱っていたというお母さんの感想です。

「絵本**『はっきよい畑場所』**で、〝野菜は面白い！〟とイメージが変わった頃、嫌いなピーマンを少しでも口にできたら、一緒に喜ぶようにしました。すると、ピーマンが少しずつ、食べられるようになったのです。たとえ全部食べられなくても、〝食べようと挑戦する○○ちゃんのこと、ママは偉いと思うよ〟と、ほめ続けると、次第に好き嫌いが減っていきました」

親子で絵本を楽しんだ後は、嫌いなものにチャレンジしようと思った気持ち、少しでもたくさん食べようとしたわが子の姿を、たくさんほめてあげてください。

トイレトレーニングが進まない

トイレトレーニングは、「子どものペースに合わせて、失敗しても叱らない」とは思っても、うまくいかない時が続くと、お母さんはイライラしてしまいがちです。「どうしてトイレに行かないの！」と感情的に叱りつけてしまうと、子どもには「トイレ＝ママが怖い顔になる場所」という、マイナスのイメージが刷り込まれてしまいます。すると、お母さんが思う以上に、子どもにとっては負担が大きくなり、ますますトイレトレーニングが進まなくなってしまうのです。トイレ＝「楽しい・うれしい・行きたい」という場所に変えてあげるためにも、次のような絵本の力を信じてみてください。

絵本『しろくまのパンツ』は、表紙のパンツの絵が、着脱できるようになっています。「はい、パンツをぬごうね〜」と声をかけながら、読み聞かせをスタートしましょう。子どもは、「自分も同じようにやってみたい！」と、わくわく。読み終わったら、子どもに「しろくまにパンツをはかせてあげてね」と言うと、喜んではかせてくれます。

しろくまちゃんが自分のパンツをなくしてしまうという内容なのですが、しろくまちゃんは、どんなパンツだったのか覚えていません。そこで、次々に出てくるいろいろなパンツに親子で大爆笑！

トイレトレーニングの時には、「しろくまちゃんのパンツをぬがせてあげたら、○○ちゃんのパンツもぬいでみよう。そして、しろくまちゃんと一緒に、トイレにいってみよう」と話しかけてあげてください。子どもがトイレを頑張っているときは、お母さんがしろくまの役になって、「ぼくもパンツをぬいだから、一緒にしたいな」「しろくまのパンツの歌を歌おう」などと声かけし、絵本の中に登場する歌を、親子で考えたメロディで歌ってみましょう。子どもの中で、この絵本のイメージがトイ

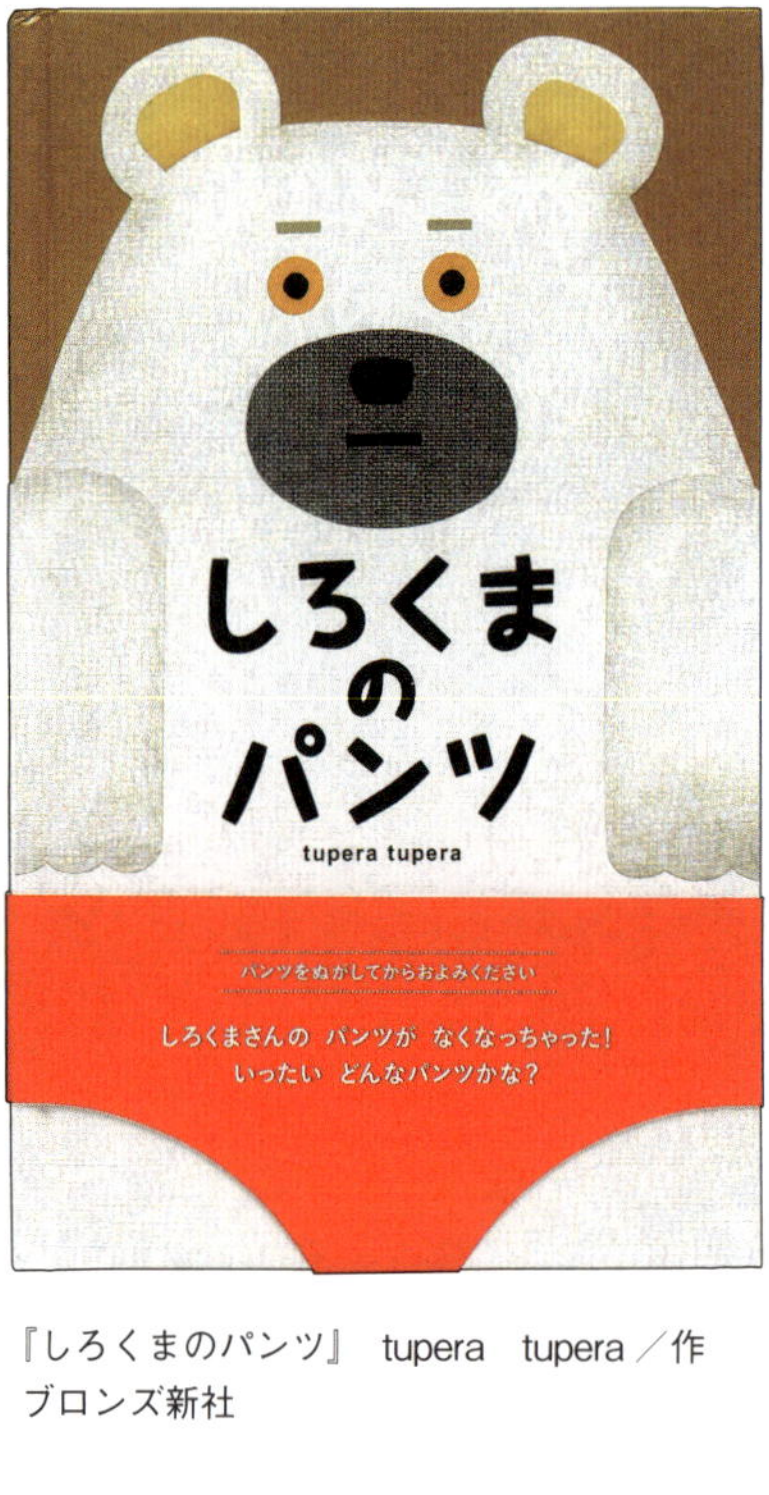

『しろくまのパンツ』 tupera tupera／作
ブロンズ新社

レのイメージに重なると、「トイレは楽しい」と思えるようになります。トイレが成功したら、子どもと一緒に、しろくまにもパンツをはかせてあげてくださいね。

絵本『ノンタン　おしっこしーしー』は、ノンタンのシリーズ絵本。ノンタンはトイレデビュー前に、おまるでおしっこを練習します。絵本の中の「しー　しー」という言葉に合わせて子どもと練習してから、トイレデビューをしてみましょう。親子で「しーしー」と合唱すると、トイレが楽しい場所になります。たとえ失敗しても、子どもを責めずに、また絵本に戻ってください。この絵本が素敵な理由は、他の子が成功しても、ノンタンは失敗してしまうところ。このシーンで、子どもは「自分だけが失敗しているわけじゃない」と、安心できます。失敗したことより

『ノンタン おしっこしーしー』 キヨノ サチコ／作
偕成社

も、「今日はどこまで進んだか」など、その日にできたことだけを伝えてください。そして、「あと、少しだよ」と励ましの言葉をかけてあげると、子どもは「できた」「できた」の連続で頑張ることが楽しくなります。

絵本『トイレですっきり』は、トイレに行きたくなって、主人公・くうぴいがもじもじするところから始まります。優しくトイレくんに迎えてもらい、うんちくんにも笑顔でバイバイして、楽しみながらトイレトレーニングの疑似体験ができます。この絵本のおかげで、「無理強いすることなく、楽しくトイレトレーニングができた」というお母さんの声がたくさん聞かれました。

私の場合は、息子とトイレトレーニング用の絵本を手作りしました。お絵描き用の画用紙に書いただけですが、息子が好きな絵本のシーンを多く入れ、楽しみなが

『トイレですっきり』 なかやみわ／作 三起商行

ら作ったオリジナルのお話です。息子が好きな食べ物のトーストくんとチーズくんが、息子のお腹の中を旅します。お腹の中の滑り台やぐるぐる回る流れるプールなど、たくさん遊んだあとはうんちくん・おしっこちゃんに変身！　という物語。それからの息子は、トイレに行きたくなると「そろそろ、へんしんしん…」と教えてくれました。そしてトイレでも、元気よく「へんし～ん!!」と叫んでいました。彼にとってトイレは、ヒーローになれる場所になったようです。

時間があれば、お母さんにしかできない、「わが子のツボ」を盛り込んだオリジナルの絵本を作ってみてください。きっと大切な宝物になりますよ。

公園から帰りたがらない！

「遊び始めると夢中になって、子どもはなかなか公園から帰ろうとしない」というのも、お母さんからよく聞かれる悩みです。でも、「公園での遊びよりも魅力的なことがある」とわかれば、子どもはスムーズに公園から離れてくれます。ここでは、そんな時に役に立つ絵本を紹介します。

絵本『でんしゃにのって』は、女の子が電車に乗っておばあちゃんのところへ行くお話です。「つぎは　わにだー　わにだー」とアナウンスがあると、ワニが乗ってきます。何が乗ってくるのか楽しみになるお話です。絵本を読んでから、家の中にも、絵本と同じように、いろいろな駅を作ってみましょう。男の子は乗り物のおもちゃ、女の子はぬいぐるみなど、子どもの好きなものを「駅」に見立てて、家の中に置いておきます。すると子どもは、それぞれの駅からおもちゃをピックアップしていく「ごっこ遊び」を始めます。「つぎは、テレビ前駅～」「つぎは、お風呂場駅

〜」と言いながら、「ガタゴトガタゴト」と、家の中を子どもと回ってみましょう（洗濯物のカゴやダンボールなど、なんでもいいので、おもちゃを入れる箱を電車に見立てます）。「おばけ駅」を作ると、親子で恐る恐る扉を開けて……なんていう楽しみ方もできます。1周したら、あらかじめ作っておいた「台所駅」でお母さんは降ります。すると後は声だけの参加でも、子どもは1人で遊んでくれます。

このごっこ遊びで、「公園から帰らない」問題が解決したという、お母さんのお話です。

「『でんしゃにのって』を読んでからは、〝家では電車ごっこしよう〟と声をかけるだけで、すんなり家に帰ってくれるようになりました。家でも〝早くママ駅までみんなをつれてきてね〜。今はどこ駅かな？〟と言うだけで、子どもは1人で遊んでくれます。その間に、私は夕食の支度ができるので、大助かりです」

『でんしゃにのって』 とよた かずひこ／作
アリス館

（1歳半男の子のお母さん／Sさん）

次は、かくれんぼをする絵本『みんな みんな みーつけた』。

家でのかくれんぼは、子どもにとってはとても楽しい、盛り上がる遊びですね。同時に、上の子がお留守番をする時の参考にもなります（家の中での危ない場所もわかります）。家で子どもとかくれんぼをした時、どこにいるか見つけても、「あれ？ いない？ 私の大切な○○ちゃんがいないよ〜」と泣きまねしてみましょう。「ママは自分のことがとっても好きなんだな」と、子どもは幸せな気持ちになるでしょう。すると、公園での遊びが楽しくても、家に帰ってからお母さんのこの言葉を聞

『みんな みんな みーつけた』 木村裕一／作 黒井健／絵 偕成社

くことができるかくれんぼが楽しみになり、すんなり帰るようになります。

絵本『どすこい すしずもう』の読み聞かせでも、公園とさよならすることができます。読んだあとは、もちろんお相撲ごっこ。布団の上でのお相撲遊びに、子どもは大喜びするでしょう。お相撲ごっこに満足すると、「たっぷり遊んだ!」と、子どもの遊び足りない気持ちも解消できます。

ちなみにわが子の場合は、電車や虫が好きだったので、普段は図鑑を隠しておいて、「家に帰って、電車の図鑑を一緒に見ようか」と声かけすると、すんなり帰ってくれました。

『どすこい すしずもう』 アン マサコ／作　講談社

ゲームばかりで、絵本に興味を示さない

ゲームは刺激的で、子どもにとっては遊園地のジェットコースターのように楽しい存在なのかもしれません。一方の絵本は、立ち止まったり、考えたり、ゆったりとしたペースで楽しめるお散歩のようなものでしょうか。でも、子どもが「やってみたい！」と興味をそそる絵本はたくさんあります。ゲームにばかり熱中して心配になる時は、そうした絵本を提案すると、「ゲーム以外にも、楽しいことがある」と知るきっかけになるでしょう。

ここでは、ゲームと同じくらい、子どもが「やってみたい！」と、わくわくする絵本を紹介します。

『びっくり まつぼっくり』は、大人でもわくわくする内容の絵本です。まつぼっくりは、湿度によって開いたり閉じたりするという性質があります。その特徴を生かして、まつぼっくりが入らないような狭い入口の透明の瓶に、閉じた状態で入れて

みます。湿度の変化で開くと、どうやって瓶に入れたのかわからなくなるので、子どもはその「かがくの不思議」に興味を持つようです。スマホやゲームを放り出し、「やってみたい！」と言い出したという、お母さんの声もありました。

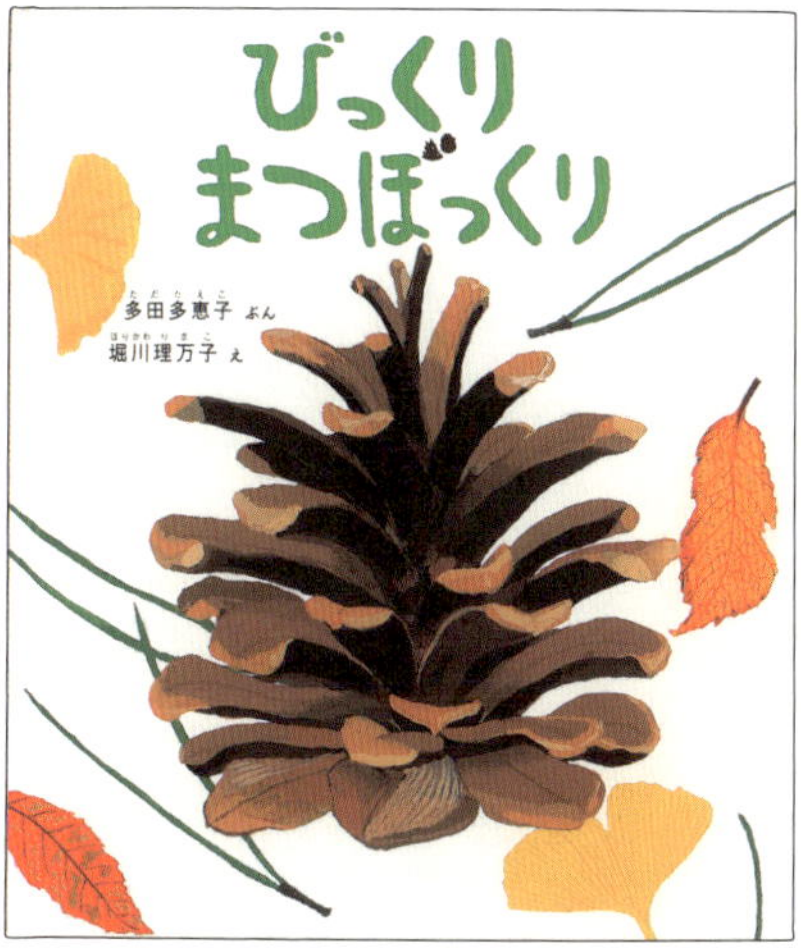

『びっくり まつぼっくり』
多田多恵子／作　堀川理万子／絵　福音館書店

『しろいかみのサーカス』
たにうち つねお／作　いちかわ かつひろ／写真
福音館書店

『しろいかみのサーカス』は、身近な存在の紙で、いろいろなことができるとわかる絵本です。紙は薄く、破れそうにみえて、とても力持ちであることや、丸めると石ものせられることがわかります。この絵本も、子どもは夢中になって「紙ちょうだい！」と、同じことをやってみたくなります。

次はこの絵本をきっかけに、ゲームばかりしていた子が、絵本の読み聞かせを好きになったというお母さんの話です。

「ワンオペ育児だったので、とにかく1人の時間が欲しくて、子どもがゲームをするのをつい容認していました。ある日電車の中で、私は息抜きに雑誌を読み、子どもがゲームをしていると、見知らぬ男の人に、〝ちゃんと子育てをしろ！〟と言われてしまい、ショックで泣けてきました。どう子育てをしたらいいのか、考える余裕がなかったのです。でもこの絵本を知り、子どもと一緒に読んだ後、子どもは紙のサーカス作りに熱中し始めたので、私は隣で自分の好きなことができました。絵本を読んだ後は、別々のことをしているのに、なぜか心がひとつの時間が流れました。それまでは絵本を読む暇なんてないと思っていたのですが、あらためて、絵本の持つ力に触れた気がしました。絵本の読み聞かせを始めるようになると、しばらくして、子どもはゲームをあまりやらなくなりました。絵本のほうがいいと言うのです」（3歳男の子のお母さん／Iさん）

私自身も、かつてはワンオペ育児の日々でした。ですから、「食事を作る間だけ」「ママ友とのランチの時だけ」と、ついスマホを見せたり、ゲームをさせたり、というお母さんの気持ちは理解できます。しかし、絵本講座に参加する、ワンオペ育児中のお母さんたちはみんな、自分が休むために長時間スマホやゲームをさせることに罪悪感を持っていました。でも、スマホやゲームと同じくらい、子どもが夢中になる絵本があれば、その罪悪感は払拭できるのではないでしょうか。スマホやゲーム、そして絵本。ご自身のちょうどよいバランスを見つけて、活用してほしいなと思います。

column 1

子どもと楽しく過ごせる「鉄板絵本」

大人には理解しにくくても、子どもには「読むだけでツボにはまる鉄板絵本」があります。そんな子どもの笑いのツボを完全に理解することができなくてもOK。そういう絵本を知っているだけで、お母さんの子育てが少し楽になります。子育てや家事、仕事で疲れてしまった時、子どもを叱りすぎて落ち込んだ時など、上手に活用してほしい「鉄板絵本」をまとめました。

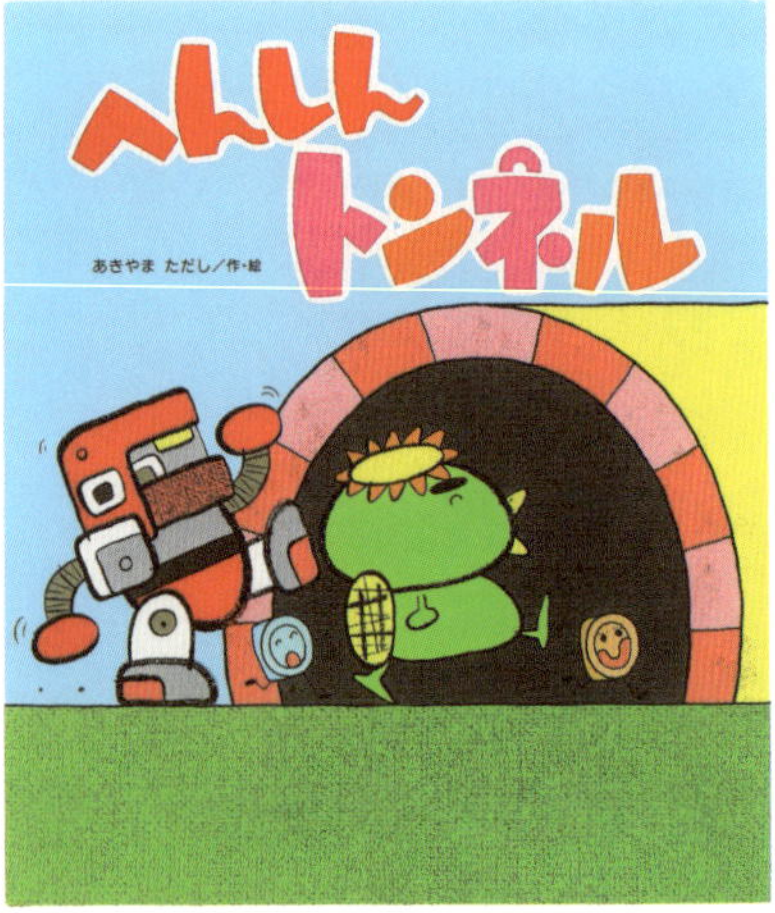

『へんしんトンネル』

あきやま ただし／作

金の星社

不思議なトンネルをくぐると、かっぱが馬に変身したりなど、なぜか違うものに変身します。親子で「かっぱ、かっぱ、かっぱ、かっぱ、ぱかっ、ぱかっ…」と、絵本に合わせて唱えてください。「何になるんだろうね？」と話しながら、ページをめくっていくのがコツです。

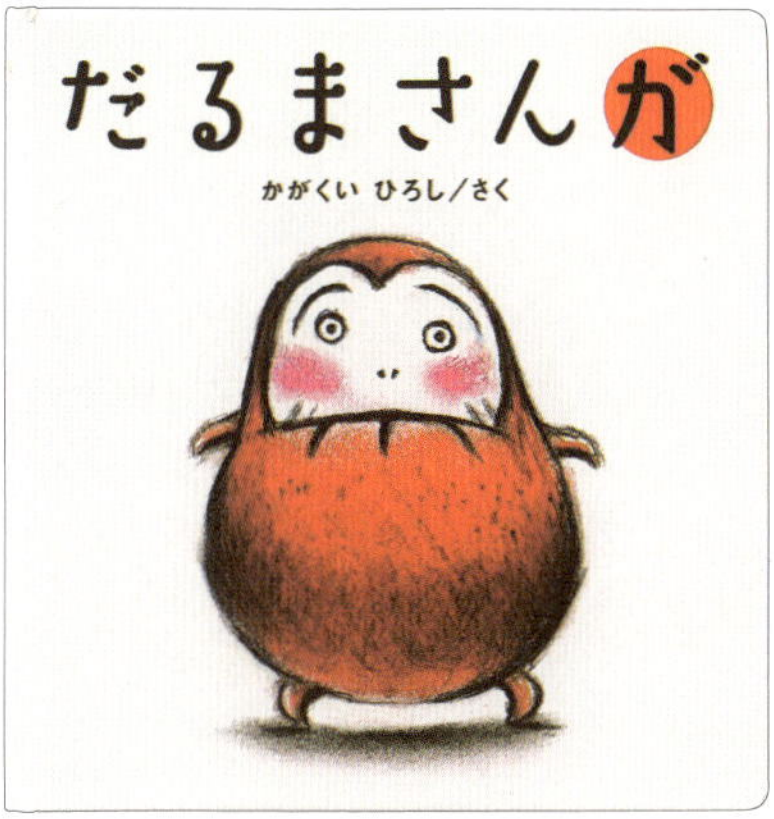

『だるまさんが』

かがくい ひろし／作
ブロンズ新社

赤ちゃんから幼児まで大笑いのベストセラー。「だるまさんがころんだ」という昔遊びの節の「だるまさんが」という文字が見開きいっぱいに書かれ、次のページをめくると、だるまさんはころばず、子どもが喜ぶシーンが繰り返し展開されます。「だるまさんが」のあと、「ぷっ」と、おならをしているページがあります。これだけでも子どもは大笑いですが、お母さんが鼻をつまみ手を扇ぐようにパタパタさせながら、「くさいよ～」とアドリブを入れてみてください。大爆笑間違いなし。

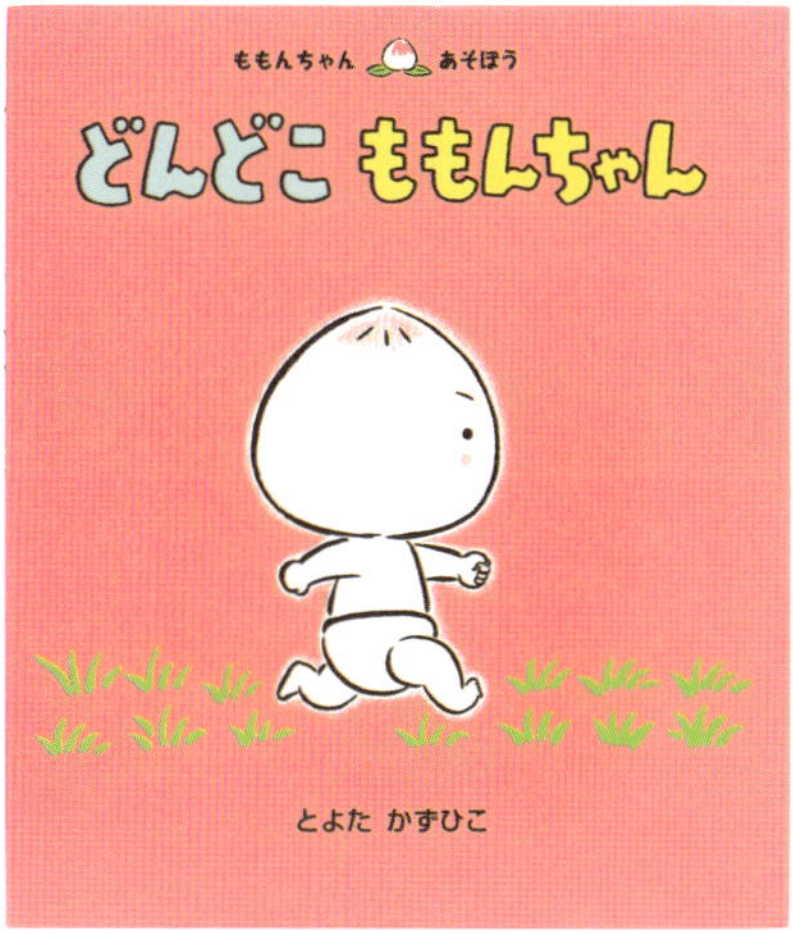

『どんどこ ももんちゃん』

とよた かずひこ／作
童心社

ひたすら、ももんちゃんがどんどこ進んでゆくお話です。途中、いろいろな出来事が起こります。ももんちゃんがクマを、どーんと投げ飛ばすシーンが子どもは大好きです。お膝の上に子どもをのせて、どんどこで揺らしてあげると大喜び。

『へんなかお』

大森裕子／作
白泉社

「ねぇ　ねぇ　みててね」というページをめくると、いろいろな動物の面白い顔が登場します。お母さんも動物と同じ、変な顔をしてみましょう。子どもはそれをマネして変な顔をしようとするので、親子で楽しい時間が過ごせます。最後に鏡がついているので、どちらがより変な顔ができるかを競い合っても、盛り上がりますよ。

『てじな』

土屋富士夫／作
福音館書店

本物の手品を見ているような臨場感のある仕掛け絵本です。子どもには、お母さんのスカーフを頭に巻いて手品師になり、「子どもが絵本をめくる側になる」という遊び方もおすすめ。まず、絵本の呪文を家族全員で唱えます。子どもが絵本をめくって、仕掛け絵本の花などが飛び出した時に、お母さんやお父さんは驚いて拍手をしましょう。

『ミッケ！』

ジーン・マルゾーロ／文
ウォルター・ウィック／写真
糸井重里／訳　小学館

美しい写真の中から、指定されたお題のものを探す絵本です。「どっちが早く見つけられるかな？」など、会話を弾ませながら親子で楽しめる１冊。子どもと一緒に集中すると、見つけた時の達成感をお母さんも味わうことができますよ。

『ほげちゃん』

やぎ たみこ／作　偕成社

おじさんからプレゼントしてもらった、青いぬいぐるみのほげちゃん。家族が出かけると動き出します。このほげちゃんの悪い子ぶりが、子どもが「同じことをやってみたいけど、お母さんから叱られそう」と思うことと重なり、やみつきになるようです。親子で一緒に笑える１冊。

『ぶたのたね』

佐々木マキ／作　絵本館

オオカミがぶたを食べたくて、ぶたのたねを植えます。ぶたが実になってどんどん現れ、「いよいよ」という時に必ず邪魔が入るお話。その奇想天外な邪魔の繰り返しに、続きが読めなくなるほど、親子で爆笑できます。「今日は笑いが必要！」という時は、ぜひ。

『おしりたんてい』

トロル／作　ポプラ社

絵本に馴染《なじ》みの少なかった子が、この作品から絵本の世界に興味を持ち始めることも。おしりたんていが、犯人が残した形跡から推理し、犯人を捕まえるという人気シリーズの１作目。簡単なクイズや迷路のようなページ、大笑いのエンディングなど、子どもの大好きな要素がたくさんつまっている１冊。

『バムとケロの
さむいあさ』

島田ゆか／作
文溪堂

大人気「バムとケロ」シリーズの３作目です。細かいところに子どもの大好きな仕掛けがあり、発見の連続です。お母さんも夢のある絵に、めくるたびに癒されることでしょう。ラストシーンは親子で大爆笑。子どもの笑顔が見たい時や、自分も穏やかな笑顔になりたい時のいち押しです。

『ピカゴロウ』

ひろた だいさく　ひろた みどり／作
講談社

泣き虫で頑張り屋の雷の子が空から落ちてきます。そして、しっかり者のひなちゃんに「できるよ！」と励まされ、空のお家に自力で帰る、出会いと別れのメルヘン。「くもこい！」と、２人で呼ぶ姿に子どもの心も震えます。

第2章

お母さんが困った時

親子コミュニケーション編

イヤイヤ期を乗り切る絵本

「（できなくても）自分でしたい！」「ママがやってくれるのはイヤ！」。イヤイヤ期は、「何でも自分でやりたい」という大切な子どもの成長期ではあるものの、お母さんにとっては、イライラのピークの時期でもありますね。そこで、このイヤイヤ期を笑顔で見守ることができる、レスキュー絵本を紹介します。

絵本『だめよ、デイビッド！』は、幼い子どもの日常の「困ったこと」が全ページにわたって繰り広げられています。イヤイヤ期の子にとっては、いつもお母さんからは「ダメ！」と言われるけれど、自分は「やってみたい！」と思っていることがたくさん登場するので、大ウケする絵本です。

次は、この絵本の読み聞かせをした、2歳半の男の子

『だめよ、デイビッド！』
デイビッド・シャノン／作
小川仁央／訳　評論社

を持つお母さんのお話です。

「食べ物で遊ぶのはダメと注意したそばから、〝やだ！〟と、指にケチャップをつけてテーブルに落書きをします。〝クレヨンは紙に書くんだよ〟と言っても、目を離したすきに、壁にまで落書きしていました。毎日、〝なんでママの言うことを聞けないの〜！〟と怒鳴っていたところ、絵本『だめよ、デイビッド！』を知りました。子どもと一緒に読むと、息子と似たような行動がたくさん。フライパンをたたく、ベッドの上で飛び跳ねる…。絵本の中でデイビッドは、毎回〝だめよ、デイビッド！〟と、ママから叱られます。私は読んでいるうちに、絵本のママと同じ言葉をたくさん言って発散でき、息子は、デイビッドが自分とまるで同じなので大喜びしていました。それからというもの、息子がいけない行動をする時、〝だめよ〜、デイビッド〜〜！〟と笑いながら言ってみました、すると、息子は〝やだ〜〜！〟ときゃっきゃと喜び、注意したことをやめたので、驚きました。絵本の最後は、普段叱ってばかりいるママがデイビッドを抱きしめます。私も〝デイビッド〜！〟と言った後は、ぎゅっと、抱きしめるようにしています」

そしてもう1人、この絵本でイヤイヤ期を乗り切ったお母さんのお話です。

「とにかく、〝自分でする！〟ばかりの娘。駅の改札でも、自分がＩＣカードを触ると言って聞きません。その時、〝やりたいんだね〟と、一度気持ちをくんでから、絵本の中のキメ台詞《ぜりふ》を言い、抱っこします。そして、改札にできた長蛇の列を見せるのです。子どもは、よくわからないながらも、〝なにかいけないことをしたのかな？〟といった表情で、デイビッドのようにおとなしくなります」

子どものイヤイヤ期について、印象的なことがもうひとつ。以前、アナウンサーだったころに、「私は2才」というお母さんのための人気番組があり、その監修の先生とよくお話する機会がありました。先生はこんな話をされていたのです。

「魔の2歳といわれる、とにかくなんでも反抗する時期は、1歳半くらいから始まって、4歳ぐらいにはウソのようにおさまってきます。この時期にたくさんのイヤイヤを言わせてあげると、しっかりと自分の意志を主張できる子になります。ですから、一度、〝イヤなんだね〟と、お母さんが子どもの気持ちを代弁し、それを受け止めた後、あなたは好きだけど、この行動はいけないことと伝えてあげてください。〝やだ！　ばかり言う○○ちゃんなんて、ママ嫌い〟と、自分を否定されると、〝自己主張はしてはいけないんだ〝〝ママの望むいい子にしていないと、自分は愛されないんだ〟と、積極的な行動ができなくなってしまうことも」

イヤイヤ期の子どもに、たくさんの「やだ！」を体験させられるおすすめ絵本もあります。タイトルは、ズバリ『やだ！』。内容は、お母さんの言うことに、「やだ、やだ！　やだっ」と言い続け、最後は満足して寝てしまう、子ザルのジョジョのお話です。

この絵本を読んであげると、子どもは自分がまるでジョジョになったつもりで、たくさんの「やだ！」を言ったつもりになり、満足します。「もう、1回」と、何度も絵本をせがんできますが、読めば読むほど満足するので、面倒がらずにできる限り、答えてあげてください（その分、現実の「やだ！」の回数が少し減りますよ）。「やだ！」のところで、お母さんが元気に、大きな声で読むのが、子どもの満足度を高めるコツです。

イヤイヤ期につきあって、ヘトヘトになる前に、ぜひ絵本の力で、楽しく乗り切ってくださいね。

『やだ！』
ジェズ・オールバラ／作
徳間書店

上の子の「赤ちゃん返り」に困ったら

下の子どもができると、お母さんはそのお世話で手いっぱい。上の子どもにはつい、「お兄ちゃんになったんでしょ！」「お姉ちゃんだから、頑張れるよね！」「がまんしなさい！」と、厳しくあたってしまいがちです。毎日、子育てに頑張っているお母さんと同様に、上の子もお兄ちゃんやお姉ちゃんになって、同じくらい頑張っていることに気づいてあげてくださいね。

絵本『たまごにいちゃん』は、上の子の気持ちをコミカルに代弁している、笑って泣ける絵本です。たまごにいちゃんはこう思っています。「ずーっと、たまごでいたい。だって、いつでも　おかあさんに　あたためてもらえるから」。

次に紹介するのは、この絵本を読んだ5歳の男の子と2歳の女の子のお母さんKさんのお話です。

「この絵本のお母さんがとてもいいなと思いました。たまごのままでいようとするお兄ちゃんに、〝早く殻を割りなさい〟とは言わないのです。ある時カラスが、たまごにいちゃんの殻をつつきにやってきます。このカラスが、まるで今の自分のように思えました。私はうちのお兄ちゃんに、〝もうお兄ちゃんになったんだから、自分のことぐらいして！〟と厳しいことばかり言っていたのです。かわいそうなことをしていたと気づきました

「この絵本を読んでほしくて、お兄ちゃんは何度もせがむようになりました」とKさん。そこで私はさらに、この絵本の使い方をお伝えしました。読後に、「たまごにいちゃんは、まだ赤ちゃんでいたかったんだね～。ママにまだまだ、いろいろなことを、してほしかったんだね～。たまごにいちゃんのママも、きっと本当は、もっともっとたくさんしてあげたいんだと思うよ。だって、ママにとっては、大切な大切なおにいちゃんだもの」と伝えてくださいとお願いしたのです。

この言葉を聞いた上の子は、うつむいて恥ずかしそうにしながらも、ニコニコしていたそうです。

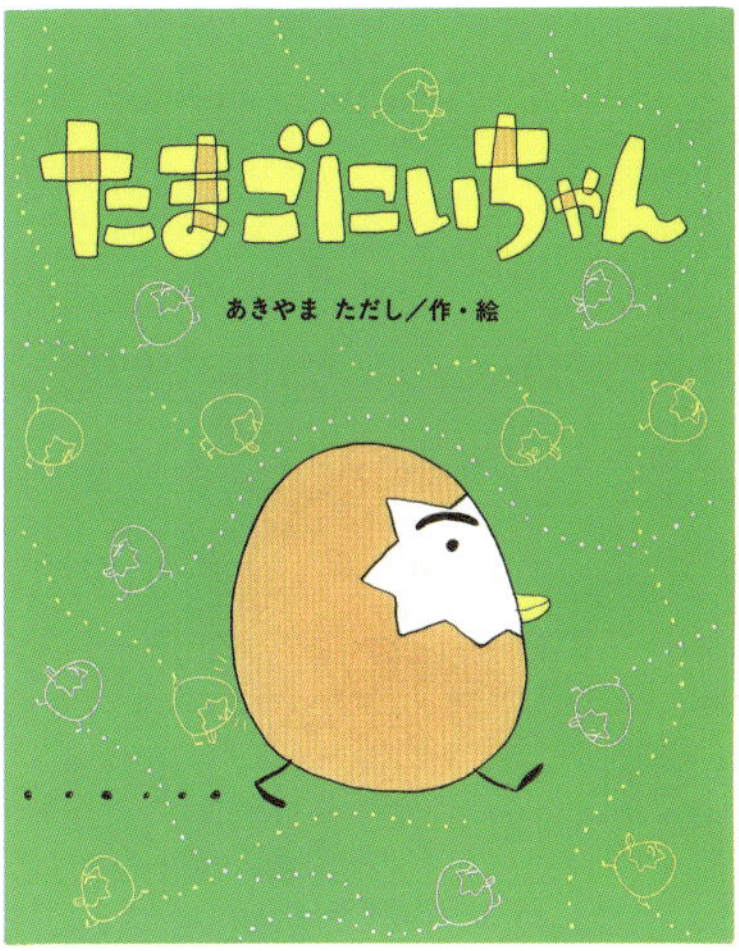

『たまごにいちゃん』
あきやま ただし／作　すずき出版

そして少しずつですが、自分から進んでお母さんを助けるようになったのだとか。

そして、もう1冊のおすすめは、絵本『ちょっとだけ』。下の子が生まれて、お母さんは赤ちゃんにかかりっきりになるお話です。でも、上のお姉ちゃんはその大変さを感じ取り、一人でできることは頑張ってやってみます。上手にはできないけれど、どれも、ちょっとだけ成功します。だけど、どうしても寂しくて、お母さんに最後「ちょっとだけ、だっこしてもらってもいいですか？」と、押さえていた本当の気持ちを伝えます。それを、聞いたお母さんは……。その結末に、号泣するお母さんがたくさんいる絵本です。

上の子も、下の子の存在を受け入れるために、小さい心の中で葛藤し、頑張っています。下の子ができるまでは、自分だけに向いていたお母さんやお父さんの気持

『ちょっとだけ』　瀧村有子／作
鈴木永子／絵　福音館書店

ちの変化を敏感に感じながらも、「でも、自分は愛されているんだ」と、心を立て直しながら頑張っているのです。絵本を介して、お母さんの感想を伝えながら、上の子の心の声に共感してあげてください。すると、上の子が絵本を通じてお母さんとコミュニケーションできていることに安心して、自然に赤ちゃん返りをやめて、下の子を受け入れる心の準備ができるようになります。

子どもがたわいのないウソをついた時

絵本『こねこのプーフー　たからさがし』は、主人公の幼いプーフーの空想を、お母さん・お父さんが温かい眼差《まなざ》しで聞くお話シリーズです。プーフーの空想は毎回、夜ベッドに入ると始まります。この日は、「おうさまの　たからものを　見つけた！」と言い出します。そこで物語に出てくるお父さんは、「たからものは　どんなふうだった？」と、寄り添いながら質問します。

でも、私たち現実のお母さんは、そんな子どものかわいい空想に対して、「またそんなウソをついて」「そんなことあるわけないでしょ」と、受け流してしまいがちです。でも、幼い子どもの多くは、まだ「空想と現実」の区別がごちゃまぜになっていま

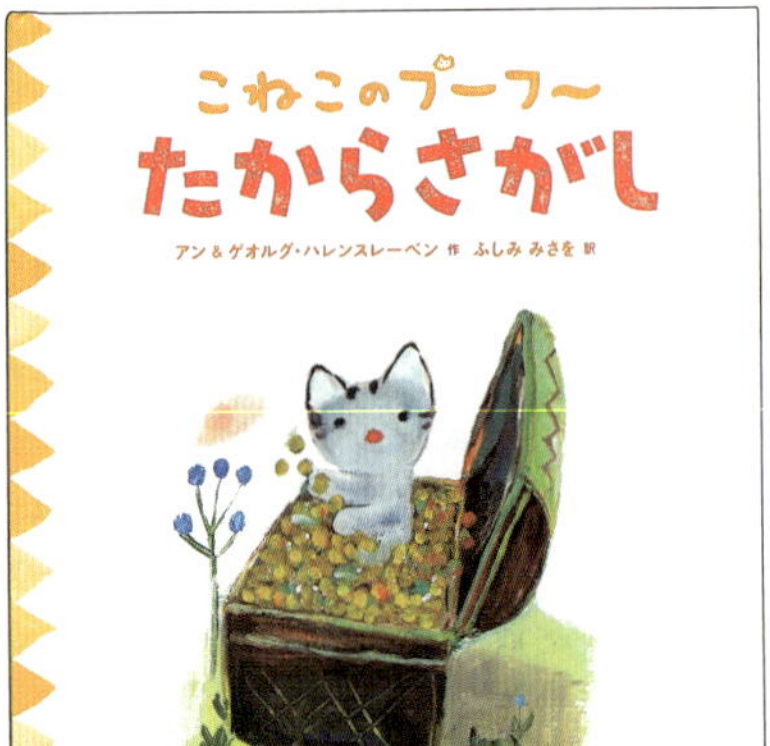

『こねこのプーフー　たからさがし』
アン＆ゲオルグ・ハレンスレーベン／作
ふしみ みさを／訳　小学館

す。ウソをついているのではなく、空想の出来事も、現実のものとして話していることがよくあります。

以前、保育園の読み聞かせボランティアに参加した時のことです。3歳の子どもたちに『ふゆのようせい　ジャック・フロスト』を読みました。

ふゆのようせいジャック・フロストと一冬楽しく遊ぶ友情の物語です。私の読み聞かせの後、子どもたちは公園へお散歩に行ったそうですが、保育士の方によると、妖精探しの時間になったのだそうです。1人の子が木の枝を指し、「あそこに妖精がいる！」と言うと、他の子も次々と、「こっちにも！」「ここにも！」と指を指し始めたのだとか。

幼い子どもが、空想と現実の世界を自由に行ったり来たりすることができるというのは、長年、絵本の読み聞かせの活動を行っていて気付いたことです。これが小学校の読み聞かせに行くと反応が

『ふゆのようせい』　ジャック・フロスト
カズノ・コハラ／作　石津ちひろ／訳
光村教育図書

変わり、3〜4年生くらいからは、「これは物語だよね」と、創作の話として楽しみ始めることから、「空想と現実の世界を行き来できる時間には限りがある」ということもわかりました。

まだ空想と現実の区別がない時期の子どもには、ぜひ絵本の読み聞かせをたくさんしてあげましょう。なぜなら、子どもにとっては「絵本の内容＝実際に体験したこと」として、その世界が心に残るからです。人から優しくしてもらったり、勇気をもって挑戦したり……などの絵本の中での体験が、現実のものとして記憶に残るのです。

アメリカの子育てコンサルタントとして知られる　ドロシー・ロー・ノルト博士の著書『子どもが育つ魔法の言葉』*の中に、こんな言葉があります（抜粋）。

けなされて育つと、子どもは、人をけなすようになる
とげとげした家庭で育つと、子どもは、乱暴になる
（略）
認めてあげれば、子どもは、自分が好きになる

*【参考図書】『子どもが育つ魔法の言葉』　ドロシー・ロー・ノルト　レイチャル・ハリス／著　石井千春／訳　PHP研究所

（略）

やさしく、思いやりをもって育てれば、
子どもは、やさしい子に育つ

幼い子どもには、正直であること、分かち合うことの豊かさ、愛、優しさ、思いやりの気持ちが描かれた絵本をたくさん読み聞かせてあげましょう。そしてお母さんは、絵本を通じて得た体験を、たくさんの疑似体験として残してあげるために、子どもの願望や空想にたっぷりつきあってあげてください。その時間は、子どもにとってはもちろん、お母さんにとっても、かけがえのない宝物になることでしょう。

子どもがウソをついた時

子どもは成長とともに、自分を守ろうとしてウソをつくようになります。それも、「知恵がついた」など、子どもの成長のひとつとして微笑《ほほえ》ましく受け止められるといいのですが、お母さんとしてはそうもいかないことでしょう。ウソをつく大人になったらどうしよう…と思うあまり、親としての使命感から、つい頭ごなしに叱ってしまうこともあることでしょう。

これは、私の息子が5歳の時の話です。玄関の外で、息子が植木鉢を持ち上げようとして、落としてしまいました。その時、植木鉢と一緒に、玄関のタイルも割れました。私は、その様子を偶然遠くから見ていたのです。家に帰ってから「どうしたの？」と息子に聞くと、「知らない大人の人が来て割ったの。悪い人もいるんだね〜」とさらりというのです。私は、ショックを受けました。今、注意をしなければ、平気でウソをつく子になってしまうかもしれない。「ママは見ていた！」と、叱るべきか悩んだ末、やめました。

このとき、なぜ私が叱るのをやめたのかというと、ガミガミ叱るよりも1冊の絵本が効く、ということを知っていたからです。私はその夜、絵本『こぎつねキッコ』を、さりげなく息子に読み聞かせました。このお話は、こぎつねのキッコちゃんが、人間の女の子の家から気に入ったぬいぐるみを持ってきてしまい、お母さんに「川原でひろったの」とウソをついてしまうお話です。すると、息子は、キッコちゃんがウソをつくところで、「この子、悪い子だね〜」と、言ったのです。

数日後、息子は私に「ごめんなさい」と正直に謝り、こんな話をしました。「だんごむしが、鉢の下にいるか見ようとして、重くて落としちゃったの」。

私は今でも、あの日の息子の様子が目に浮かびます。5歳の子どもでも、「悪いことをし

『こぎつねキッコ』　本間正樹／作
みやもと ただお／絵　佼成出版社

た」と自分で気づくことができたのです。絵本の力を借りれば、「してはいけない」ことを叱って教えるのではなく、子どもに自分で気づかせることができます。感情的に叱りそうになった時は、ぜひ、この方法を思い出してくださいね。

絵本『ブルーカンガルーがやったのよ！』は、なんでもすぐに人のせいにしてしまう子におすすめです。主人公のリリーとぬいぐるみのブルーカンガルーはいつも一緒、とても仲良しです。でも、リリーは、自分のいたずらをすべてブルーカンガルーのせいにしてしまうのです。すぐ人のせいにしてしまう子に読み聞かせるだけで、「人のせいにしちゃった」と、はっと子どもに気づかせてくれる絵本です。

『ブルーカンガルーが
やったのよ！』
エマ・チチェスター
・クラーク／作
まつかわ まゆみ／訳
評論社

もう1冊は、お馴染みのイソップ物語から『オオカミがきた』です。人の目を引きたくてウソを言いがちな子におすすめです。退屈していたことから、いたずらで「オオカミがきた」と言った少年が、大人の注目を集めます。それに味をしめて、何度も同じいたずらをしていたら、本当にオオカミがきてしまい… という有名なお話。お母さんの気をひくために、ウソをついたり、なんでもオーバーに言う子には、この絵本を読んであげてください。

『オオカミがきた』
蜂飼耳／作
ささめや ゆき／絵
岩崎書店

友達におもちゃを貸せない

公園の砂場で遊んでいる時をはじめ、お友達と遊んでいる時など、おもちゃを「貸して」と言われているのに、わが子はなかなか「いいよ」「どうぞ」が言えない……。そんな時はお母さんも、対応に困ることがありますよね。子どもがおもちゃを独り占めしてしまう時は、こんなレスキュー絵本がおすすめです。

絵本『ルラルさんのにわ』では、ルラルさんは自分の庭を大切にするあまり、誰も中に入れません。誰かが入ろうとすると、パチンコ玉をぶつけて追い出すくらいです。でも、ある日、ワニが庭に入り込み「しばふは ねそべると、おなかが ちくちくして きもちいい」と、教

『ルラルさんのにわ』
いとう ひろし／作
ポプラ社

えてくれます。ルラルさんにはそんな発想がなかったのですが、やってみると気持ちがいい。そこからルラルさんは、いろいろなお友達と分かちあうことの楽しさに気づくのです。

子どもにこの絵本を読み聞かせた後で、次の3つの呪文のような言葉を、折りに触れて聞かせてみましょう。

貸してあげてもよかったら、「貸して〜！　どうぞ〜！　ルラルさん、ルラルさんだね」。貸すのがイヤな時は、「貸して〜！　まだよ〜！　ルラルさん、ルラルさんだね」。ほかのおもちゃと、とりかえっこを提案する時は、「貸して〜！　貸して〜！　ルラルさん、ルラルさんだね」。この3つのパターンを口ぐせのように聞かせておきます。

そして、遊びのシーンで「貸して・貸さない」の騒ぎが始まったら、前述の3つの呪文のケースにいちばん近い言葉で、お母さんが仲裁に入ります。「貸して〜！　どうぞ〜！　ルラルさん、ルラルさんだね」。やがて、呪文が耳慣れてくると、お友達とのやりとりでも、子どものほうから自然に、この言葉を言い出すようになりますよ。

次は、この絵本で解決できたという、お母さんのお話です。

「ブランコで長蛇の列になり、乗りたい子がたくさん待っているのに、うちの子はゆずろうとしませんでした。私がブランコから下ろそうとすると、〝まだ乗りたい〜、いやだ〜〟と泣いてのけぞります。結局、私が抱きかかえて無理やりブランコから降ろすことになります。毎回、〝なんであなたはそうなの！〟と、キレて叱っていたのですが、何度も楽しくルラルさんの絵本を読んだ息子は、〝貸して〜！、どうぞ〜！、ルラルさん、ルラルさんだよ〜！〟の呪文で、変わるようになりました。息子はわがままな子じゃなかったんだと、ほっとしました」

（3歳男の子のお母さん／Tさん）

「砂場で遊んでいると、お友達の分までおもちゃを全部抱えてしまいます。〝ルラルさんみっけ！　ワニさん来ましたよ〜〟というと、思い出したようにやめて、ひとりひとりに自分から渡し始めます。〝貸して〜！、どうぞ〜！、ルラルさん、ルラルさん〟と言いながら」**（2歳半女の子のお母さん／Tさん）**

おもちゃを独り占めしたり、順番を替われなかったりという気持ちは、幼い子どもほど抑えることが難しいものです。でも「独り占めするよりも、みんなで楽しい遊びを分け合ったほうが、もっと楽しいよ」ということを、叱らずに教えて経験させたいですね。紹介した魔法の呪文は、そんなきっかけづくりにきっと役立つことでしょう。

他にも、子どもがおもちゃの取り合いになった時、自分から「どうぞ」と言ってみたくなる絵本があります。それは、ベストセラー絵本の『どうぞのいす』。うさぎさんが作った「どうぞのいす」のところに、「だれでもかまわないから座ってね」という意味の「どうぞ」という看板が立っています。動物たちが、「どうぞ」という言葉を見ては、「これはありがたい」と言うのです。「どうぞ」という言葉の素敵な印象が子どもの心に深く残り、自分も「どうぞ～」という言葉が使ってみたくなる絵本です。

『どうぞのいす』
香山美子／作　柿本幸造／絵
ひさかたチャイルド

入園・入学の不安に

親から見ると、ワクワク楽しみな入園・入学。しかし、子どもにとっては、「わからないものは怖い」という感覚もあります。

テレビ番組などで中身が見えない箱の中に手だけ入れて、それが何かを感触だけで当てるゲームがありますね。中にいる小犬が手をペロンとなめただけで、大人でも驚いて悲鳴をあげます。このように、人はよくわからないものに対して恐怖感をいだきがちです。

子どもにとって、初めての園や学校は、この「よくわからないもの」と同義語です。入園や入学は、子どもにとって「お母さん」という安全地帯から離れることを意味します。そう考えると、新しい居場所に慣れるまでは、泣いたり、行きたくなくて駄々をこねたりするのは、子どもにとっては当然のことなのかもしれません。

3歳のMくんは、入園したての頃、幼稚園が怖くて、ずっと泣いていました。お友達のＫくんが「ほら、ぼくがＭちゃんのママだよ〜」と、Ｍくんの頭をポンポンして、なだめてあげていたくらいです。でも、絵本『えらいこっちゃのようちえん』をお母さんに読んでもらうと、幼稚園が楽しいところだと知り、やがて他の子と同様に馴《なじ》染みました。この絵本は、主人公の男の子が、入園した幼稚園で逃げ出そうとしたり、トイレで失敗してしまったり、外遊びの着替えでスモックを前と後ろ反対に着てしまうなど、奮闘しながらも幼稚園が好きになってゆくお話です。

実際の園・小学校に対して、「怖い・行きたくない」というマイナスの気持ちが根づいてしまう前に、「園は楽しいところ」と思える絵本を読んであげましょう。「幼稚園・小学校＝楽しいところ、お友達がたくさんできるところ」というイメージを、入園・入学前にたくさん与えてあげるのがコツです。

「幼稚園はお母さんと離れ離れにさせられる

『えらいこっちゃのようちえん』
かさい まり／作
ゆーち みえこ／絵
アリス館

怖いところ」というイメージが、すでについてしまっていた前述のMくんも、絵本の力によって変わっていきました。『えらいこっちゃのようちえん』のような絵本は、お母さんの膝の上で読んであげることで、安心して見知らぬ世界を体験することができます。同時に、やがて自分の居場所となる園、学校でのリハーサルという、疑似体験にもなるのです。リハーサルは何度も重ねるほどに、本番への自信につながります。絵本は園・小学校という世界を楽しく伝えると同時に、「もう知っているところ」「楽しいところ」「安心できるところ」という、プラスのイメージを持たせてくれるのです。

絵本『ねずみのでんしゃ』は、あしたから始まる園を嫌がる、7つ子の子どもたちのために、お母さんが、電車ごっこをしながら行くことを思いつくというお話。実際にこの絵本を読み、お母さんがいちばん前、子どもたちがお母さんの腰に手を回して、「連結！　シュッ！シュ

『ねずみのでんしゃ』
山下明生／作
いわむら かずお／絵
ひさかたチャイルド

ッ!」と言って、電車ごっこをすることで、楽しく行けるようになった子どももいます。

絵本『がっこうだって どきどきしてる』は、小学校入学のお子さんにおすすめです。初めての小学校は子どもも緊張するけれど、学校くんだって、初めての子どもに、「何をされるのかな」と、どきどきしています。学校がしゃべるというこのお話は、子どもには学校が生きていて友達のような存在に感じられるようになります。この絵本のメッセージは、みんなどきどきしているから大丈夫。君も学校くんも一緒に少しずつ馴染んでいこうねというもの。園と違い、大きな建物となる小学校が怖くて、学校に行けなかったYくんは、このお話で学校に親しみを感じ、行けるようになりました。

絵本で楽しいリハーサルをたくさんしたら、きっと新しい環境に自然に入っていけることでしょう。

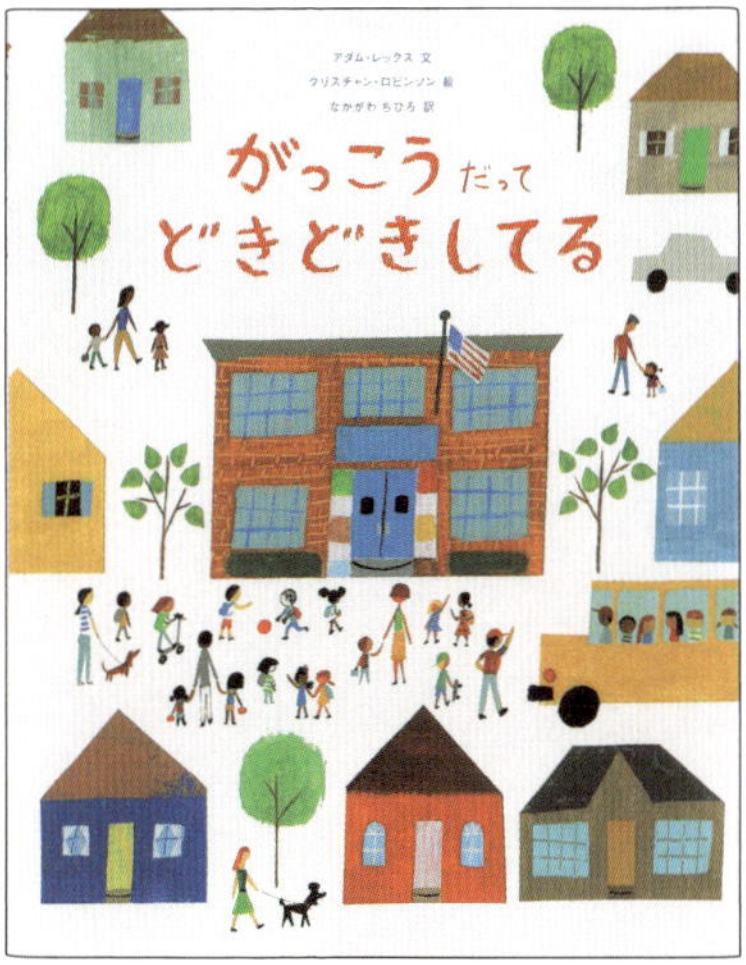

『がっこうだって
どきどきしてる』
アダム・レックス／作
クリスチャン・ロビンソン／絵
なかがわ ちひろ／訳
WAVE出版

友達ができない

現代社会では今、子育て世帯は核家族が中心になっています。お母さんやお父さん、周囲の大人としか遊んだことがなく、「お友達の作り方がわからない」という子どもが増えているように感じます。そういう子の多くは、経験が少ないために、自分から「遊んで」と言わないと、お友達には「一緒に遊びたい」という気持ちが伝わらないのだということが、わからないようです。

読み聞かせ会などでは、終わった後に子どもたち同士の交流会も行います。その様子を見ていると、やはり、自分から「あそぼ！」と言えない子の姿が。勇気を出して声をかけてはみたものの、「今はダメ」と言われてしまったり、「仲良くなりたい」「気を引きたい」という気持ちをひっかいたり、噛《か》んでしまったりと、別の形で表現してしまう子もいます。また、中にはまだ1人遊びが好きな子もいるのですが、お母さんが、「せっかく来たんだから、お友達と遊ぼうよ！」と、無理強いしてしまい、余計に固まってしまうシーンも目にしました。

そこで、自分から自然にお友達を作れるようになる、おすすめの絵本があります。

絵本『モモンガくんとおともだち』は、引っ込み思案でお友達がいないモモンガくんが、勇気を出して友達を作りに行くお話です。「どうやって　みんなと　おともだちになるの？」と聞くモモンガくんに、お父さんとお母さんは優しく「〝ぼく、モモンガです。いっしょに　あそぼう〟って、いえばいいんだよ」と、具体的な方法を教えます。教えた後はもう口を出さず、子どもをただ見守ります。この絵本の読み聞かせをすると、子どもは自分から、お友達に声をかける勇気が持てるようになります。

もうひとつ、こんな絵本の使い方もあります。それは、いろいろなタイプの絵の絵本を見せることです。絵本の絵にも、人間のように個性があります。かわいい絵、面白い絵、少し怖さを感じる絵、線画など。お母

『モモンガくんとおともだち』
くすのき しげのり／作
狩野富貴子／絵　廣済堂あかつき

さんは、なるべくたくさん、いろいろなタイプの絵の絵本を見せてあげてください。たくさんの絵に触れた体験を持つ子は、多種多様な個性を受け入れる土台を作ることができるからです。子どもの心を育むために、絵本の内容、そのメッセージはもちろん、絵そのものに力があるのです。

以前お話会で、**『ひとりぼっちのかいぶつと　いしのうさぎ』**という絵本を読み聞かせをしました。この絵本は、とてもいいお話なのですが、絵を見ただけで子どもが泣き出してしまい、その場から遠くへ離れてしまった親子連れがいました。その理由を聞くと、「あのようなグロテスクな絵は子どもには良くないと思ったからです。うちではいつも、かわいい絵の絵本しか見せません」とのこと。そして、「幼稚園でも、自分とは性格の合わない、タイプの違うお友達には寄り付かず、みんなと遊べないんです」とも。そこで、このお母さんには、前述の「いろいろな絵の絵本を見せる

『ひとりぼっちのかいぶつと
いしのうさぎ』
クリス・ウォーメル／作
吉上恭太／訳　徳間書店

ことの大切さ」を伝えました。それから半年後、いろいろなタイプの絵も見られるようになった子どもに、お母さんはこう言いました。

「幼稚園のお友達も絵本の絵のようにいろいろなタイプの子がいるけど、絵本はとっても面白いし、楽しいよね。だから、いろんなお友達と遊んでも、大丈夫なんだよ」。

すると子どもは、理由が納得できたようで、自分から積極的にお友達が作れるようになったそうです。


ほかにも、絵のバリエーションの参考になる絵本を紹介しました。ここにあげたものはすべて、「友達」がテーマになっているので、子どもがなかなか友達の輪に入れない時の読み聞かせにもおすすめです。

『ずっとずっといっしょだよ』
宮西達也／作　ポプラ社

『アンジュール　ある犬の物語』
ガブリエル・バンサン／作
BL 出版

「うちの子、いじめられてる？」と思った時

5歳の女の子Rちゃんのお母さんのお話です。お母さんは、幼稚園から帰ってくるRちゃんの様子が、元気がないように見えて心配でした。「何かあったの？」と聞いても、話してくれません。ある日、Rちゃんのお弁当のナプキンが、ハサミで切られていました。驚いたお母さんは園の先生に電話をしましたが、「とくに問題はないようです」という返事。そこで私はこのお母さんに、絵本『ルーシーといじめっこ』の読み聞かせをおすすめしました。

理由は、この絵本を読むことで、子どもが外の世界でどう過ごしているか、その反応からうかがい知ることができるからです。私はさらに、「読み聞かせるとき、Rちゃんの手の動きや体の状態を注意深く観察してみてください」と、伝え

『ルーシーといじめっこ』
クレア・アレクサンダー／作
福本友美子／訳
BL出版

ました。すると、主人公のルーシーが作った鳥の工作を、トミーが無理やり奪い取り、足で踏みつけて、「だれにも　いうなよ！」というシーンのページで、Rちゃんの体は石のように硬くなり、まったく身動きをしなくなったというのです。そして、さらによく観察すると、こぶしも強く握りしめています。そこでお母さんは、Rちゃんが園でだれかにいじめられているということに確信を持ちました。

子どもは、まだ幼い年齢でも、「いじめられていることがわかったら、お母さんに心配をかける」と、思うようです。同時に、「お母さんに話したことを知られたら、仕返しをされるかもしれない」と、さらに言えなくなってしまうこともあります。

そうした子どもなりのさまざまな理由から子どもが何も話してくれない時も、「しぐさ」が気持ちを多弁に表現していることがあります。たとえば、うれしい時は、「うれしい！」と、言葉以上に体で表現します。両腕をぐるぐる回したり、飛び跳ねたり。なので、絵本のあるシーンに過剰に体が反応する時は、何かそれに関連する出来事が、子どもの日常に起こっている可能性があります。

Rちゃんのお母さんは、この絵本のページを見た時の娘の反応を先生に伝え、注意深く見てもらうようお願いしました。すると、ある男の子にいじわるをされていたことがわかったのです。

子どもの外での様子を知るために、もうひとつ方法があります。それは、絵本を読み聞かせる時に、子どもと「同じしぐさ・表情をする」という方法です。たとえば、子どもが絵本を聞きながら身をのり出してきたら、お母さんも同じようにします。しかめっ面をしたら、お母さんもしかめっ面。「同じしぐさをしてもらう」という感覚は、子どもの心を開くきっかけをつくるのです。

次は、この方法でいじめが大きくなる前に解決したお母さんのお話です。

小学2年生のTくんのお母さんは、2歳の妹に手がかかりっきりです。お母さんは私の絵本講座に参加した時、Tくんについてこんな話をしました。「最近、学校の友達と遊ばないんです。まさかとは思うけど、もしかするといじめられているのかしら」。そこで私は、小学生用の宮沢賢治の絵本『猫の事務所』を、「同じしぐさで、同じ表情をしながら読んであげてください」と伝えました。この絵本は、1匹の猫が仕事場で全員から無視をされて、辛《つら》い気持ちを味わうお話です。

お母さんが、夜寝る前にこの絵本の読み聞かせをすると、突然Tくんは、布団をこぶしでドン！　とたたき、「なんで、いじめるんだよ！」と、絵本の猫たちに怒鳴ったのです。お母さんも、同じようにドン！　と布団をたたき「なんで、いじめるんだよ！」と怒鳴りました。するとTくんはお母さんに抱き付き、急にしゃくりあげるほど泣きながら、すべてを話してくれたのです。Tくんは、「お母さんが下の子のお世話で大変そうだったから話せなかった」と言いました。お母さんは翌日学校に相談し、いじめは、大きくなる前に解決できたそうです。

いじめをテーマにしながらも、やさしい物語に描かれた絵本は数多くあります。いじめられている時だけではなく、わが子がほかのお友達をいじめている可能性がある時も、問い詰める前に、そういう絵本をただ読んであげましょう。すると、いじめられている側の気持ちが痛いほど伝わり、自然にいじめをやめることがあります。絵本には、お母さんの目の届かない、子どもの日常も知ることができる力があるのですね。

『猫の事務所』
宮沢賢治／作　植垣歩子／絵
ミキハウス

column 2

親子で料理を作ってみよう！

ここでは、絵本のストーリーがそのままレシピになっている作品を紹介します。一緒に作るのはもちろん、「料理をするパワーがない…」と言うお母さんは、子どもと一緒に読むだけでも構いません。読むだけで親子料理の疑似体験ができるのが、ここで紹介する絵本のいいところ。親子にとって、「おいしい記憶」にもなってくれることでしょう。

『しろくまちゃんのほっとけーき』

わかやま けん／作
こぐま社

しろくまちゃんが、お母さんとホットケーキを焼くというシンプルなお話です。１９７２年発刊以来、長く愛されているロングセラーの絵本。こんなお母さんの声もありました。「子どもの頃、私も母親に読んでもらいました。当時、私の母親は忙しくて、一緒にホットケーキを作ることはできませんでした。なのでいつか自分が母親になった時、子どもと一緒にこの絵本を見ながらホットケーキを作るのが長年の夢でした。今はおばあちゃんになった私の母は、もうたっぷり時間があります。ばあば、私、娘の３人でホットケーキ作りという、長年の願いが叶いました」。

『フルーツケーキ
いただきます』
『サンドイッチ
いただきます』

岡村志満子／作　ポプラ社

まずは、スポンジにクリームをぬって、そして、いちご、またスポンジにクリームと、ページをめくるごとにケーキをリアルに作っていく絵本です。「ホットケーキやショートケーキも大好きだけど、一度は、ホールケーキを自分で作ってみたいな」と多くの子どもは夢見ています。絵本と同じ材料を用意して作ったホールケーキは、子どもにとって一生の思い出になることでしょう。

同じシリーズのサンドイッチ編は、子どもの大好きなフレッシュなサンドイッチが作れるレシピ絵本です。絵本の言葉、「じゅんびはいい？」「てはあらった？」「じゃあ、はじめましょ！」を親子で声をかけあいながらスタートしましょう。

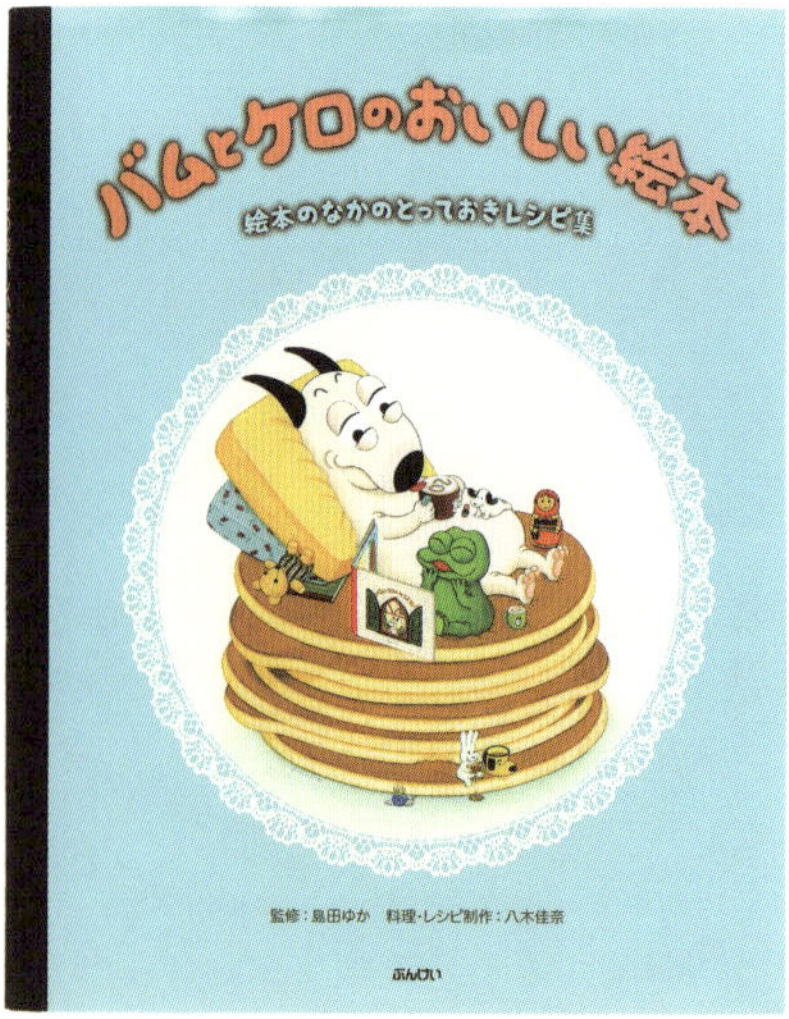

『バムとケロのおいしい絵本』

島田ゆか／監修
八木佳奈／料理・レシピ制作
文溪堂

大人気、バムとケロシリーズ。一緒に暮らすバムとケロは、冒険をしたり、訪ねてくる仲間と過ごしたりと、ほっとできる日常が描かれています。中でも、毎回、おおらかにケロちゃんを受け止めるバムの料理がおいしそう。印象深いのは、プリンや山盛りのドーナツ。作者である島田ゆかさん自身が監修のレシピ本です。「今日は、どの絵本のお菓子を作ろうか」と、子どもと相談してみましょう。

『ぎょうざつくったの』

きむら よしお／作
福音館書店

お母さんの留守中に、ウナちゃんは餃子作りに大奮闘。皮200枚を用意して、にんにく、白菜を切って…。でも、最後はやっぱり、お母さんが頼りです。お友達がやってきて、みんなで餃子を作る内容なので、この絵本を参考に、餃子パーティーを開いても楽しめますよ。

『ハンバーグ　ハンバーグ』
『オムライス　ヘイ！』
『パパ・カレー』

武田美穂／作　ほるぷ出版

おいしそうな料理の絵が食欲をそそるシリーズです。「うちの作り方とはちょっと違うかも？」「どんな味になるのかな？」など、子どもにその家ならではの「家庭の味」があることを伝えてあげることで、子どもの食の世界は、さらに豊かに広がっていきます。

第3章

お母さんが泣きたい時

ママの気持ちに寄り添う絵本編

自分の時間が欲しい！

10歳の女の子を持つお母さんUさんが、私の開催する絵本講座で、ふとこんな本音をもらしました。

「子どもが生まれてからずっと、幸せなんて感じていない…」。まわりのお母さんは、Uさんのその言葉を聞いて、驚きました。Uさんは、幸せな子育てをしているお母さんに見えたからです。でもUさんは、「毎日、家族のこと子どものことに追われて、いつも自分のことは二の次。お母さんになる前の、自分の時間がたっぷりあった自由な頃に戻りたい」と言います。

Uさんのように思う人は、大勢いることでしょう。そこで、同じ悩みを抱えるお母さんを対象に、『ちいさなあなたへ』『ラヴ・ユー・フォーエバー』という2冊の絵本の読み聞かせを行いました。

絵本『ちいさなあなたへ』の主人公は、女の子を産み、育てたお母さんです。子

『ちいさなあなたへ』　アリスン・マギー／作
ピーター・レイノルズ／訳
なかがわ ちひろ／訳　主婦の友社

『ラヴ・ユー・フォーエバー』
ロバート・マンチ／作　梅田俊作／絵
乃木りか／訳　岩崎書店

どもはやがて親元を離れます。そして、今度は娘が母になり戻ってくるのです。主人公は白髪の祖母になり、それでもなお、わが子を産んだ日の写真を飾り続けています。絵本の最初のページの言葉です。

「あのひ、わたしは　あなたの　ちいさな　ゆびを　かぞえ、そのいっぽん　いっぽんに　キスをした。」

この最初のひと言だけで、お母さんたちは、自分が母になった日のことを思い出します。次に、この絵本の表紙を見せながら、こんな質問をします。
「この絵のお母さんは、生まれたばかりの赤ちゃんを抱きあげ、どんなことを考えているのでしょうか」。するとお母さんたちは、1人の自由な時間は失っても、母になったからこそ得た幸せがあることを、改めて思い出してくれるのです。

絵本『ラヴ・ユー・フォーエバー』は、男の子をもつお母さんのお話です。怪獣のようなわが子に手を焼く日々。でも、一日の終わりには必ず息子を抱きしめます。それは、息子が大人になってからも続きました。こんな歌を歌いながら。「アイ・ラヴ・ユー　いつまでも　アイ・ラヴ・ユー　どんなときも」。やがて母は年老いて、もう歌うことができなくなります。すると、あれほど手を焼いた息子が母を抱きしめ、今度は母のために同じ歌を歌ってくれるのです。

この2冊の絵本に触れて、冒頭に紹介したUさんは、こんなことを話しました。
「自分のことよりも子どもを優先している今の毎日が、いつか報われる日がきっとくると思えました。それが、信じられる2冊でした。そして自分はママになることができて幸せで、今も幸せだということに気づきました」

絵本のやさしい内容は、毎日の子育てに疲れているお母さんの心を癒やし、本当の自分の気持ちにも気づかせてくれる力があります。そして絵本の読み聞かせは、子どもの心をお母さんの温もりで満たしてくれるので、早く寝付いたり、１人遊びを始めたり、母親の１人の時間を作ってくれるきっかけにもなるのです。

次は、絵本講座を受けたＵさんの感想です。

「どれだけのやりたいことを、ママはがまんするのでしょうか。子どもがいたことで、諦めたことがたくさんありました。でも、ママである私は、どれだけの幸せを子どもからもらったのでしょう。子どもがいたからこそ、味わえた幸せがたくさんあります」

Ｕさんは、自由だった独身の頃とは質は変わったけれど、確かな幸せを得ていることを初めて実感したそうです。そして「これからは、絵本の力を借りながら自分の時間も作り、いつかまた、社会と繋がっていきたい」と話してくれました。

「自分はダメなお母さん」と感じた時

絵本『このママにきーめた！』には、典型的なダメママが登場します。主人公はプレママですが、ぐうたらで、家の料理もコンビニ弁当です。お腹の子どものために体重を落とさなくてはいけないのに、いつも食べ放題。無事に生まれてからも、「良いママ」には程遠く、毎日子どもをガミガミ叱ってばかり。でも子どもは、「生まれる前から、そんなママの様子をすべて空から見ていた」と、ある日ママに告げるのです。「なにを　やっても　へたくそだけど、ぼくは　そんな　ママをえらんだの。ママを　よろこばせるために」と、言ってくれました。

この絵本を、プレママが大勢集まるイベントで、読み聞かせをした時のことです。

『このママにきーめた！』
のぶみ／作　サンマーク出版

「ありがとう」というプレママの声が、すすり泣きとともに、会場のあちらこちらから聞こえてきました。そこで数人の方にインタビューをすると、「自分はダメなプレママ」と思っている人が多数いたのです。

「出産直前まで働けると思っていたのに、つわりがひどくてまったく働けなくなりました。もちろん、家でもあまり動けず…。でもこの主人公のぐうたらぶりが、私を救ってくれました。もっと上のダメママがいた！って」

「これからお母さんになることは喜びであると同時に、ちゃんと産んであげられるだろうかと不安でもあります。じつは、お腹の中の赤ちゃんの体重を順調に増やしてあげることができなかったのです。でもこの絵本で、こんな私でも赤ちゃんは空から見ていてくれて、子どものほうが私をママに、と決めてくれたのだと思うと、自分なりに精一杯、出産を頑張ればいいと思えました。1人じゃなく、赤ちゃんとともに頑張ると思ったら、出産への不安も怖さもなくなりました」

お母さんはプレママの頃から、それぞれの理由で自分がダメママだと思い込んでいて、自分を責めてしまうようです。

一方、現役のお母さんたちに向けた読み聞かせの会でも、この絵本を紹介しました。絵本の中のダメなお母さんが、ダメなりに精一杯子どもを愛している姿に、参加したお母さんたちは、自分を重ね、やはり涙を浮かべます。その涙を見るたびに、最初から自分の子育てに自信のあるお母さんなんて、いないのかもしれないと感じます。

なぜお母さんは、自分のことを「ダメママ」と思ってしまうのでしょうか。

SNSが盛んな今、他人の生活が手軽に垣間《かいま》見《み》られるようになりました。読み聞かせイベントや会に集まるお母さんたちは、スマホを片手に、「幸せそうな妊婦さん、何の不安もなさそう」「こんなすごいキャラ弁、作れないわ」「きれいに片付いた部屋は、うちと大違い」など、リア充なお母さんたちの投稿を見ては、「自分は全然ダメだ」という気持ちになっているようです。そんな声を聞くたびに感じるのは、多くのお母さんが、テレビドラマに登場するような家事も育児もメイクも完璧な、「理想のお母さん」を目指しながらも実際には思うようにはできず、落ち込んでいるということです。

でも、SNSに代表されるような、「理想の子育て像」に惑わされるのは、そろそろやめにしませんか？　不器用でも、料理が下手でも、なんの取り柄がなくても、性格が悪くても、子どもは、「そのままのあなた」を受け入れてくれています。いろいろな人がいて、いろいろな幸せがある。そしていろいろな子どもがいるように、いろいろなお母さんがいてていいのではないでしょうか。

そういう私もずっと、「こんなダメママで、本当にごめんね」と、いつも心の中で子どもに手を合わせてきました。要領が悪くて、一度にいくつものことができないのです。お母さんは、たくさんのタスクを同時並行するのが常です。私はそれが苦手だったので、プレママの頃から、いつも戸惑ってばかりいました。そんな気持ちが起きるのは、決まって他の素敵なお母さんと自分を比べている時。

私は「頭が悪いのかなぁ、ダメママで、いやになるなぁ」と呟《つぶや》くと、小2になった息子は、当時こんなことを言いました。「ぼくみたいな頭のいい子を産んだんだから、ママも大丈夫だよ。ダメママ面白くて好き」。息子はニワトリの絵を描いていたのですが、なぜか足が4本ありました。「ニワトリの足は、私の時代は2本だったよ…」と言うと、慌てて描き直していました。

そんなダメダメ親子ですが、絵本の力のお陰で、息子もたくましく育ってくれたと思います。

子どもを叱りすぎて、自己嫌悪になった時

子どもの行動は、大人の常識でははかれないことばかり。そのためお母さんは、つい強く叱りすぎてしまいがちです。0・1・2歳の子どもを持つお母さん対象の読み聞かせ会では、「子どもと書いて、りふじんと読む…」と話すと、いつも大爆笑が起こります。この笑い声を聞くたびに、たくさんのお母さんが、子どもの行動を理解することに苦労をしているのだなと実感します。

絵本『いっさいはん』は、1歳半の子どもの「あるある」行動が満載の絵本です。たとえば、「しずかにしてるときは　だいたい　ちらかしている」「うまく　しゃぼんだまが　できない　すってる　こぼれてる」「おきにいりの　ふく

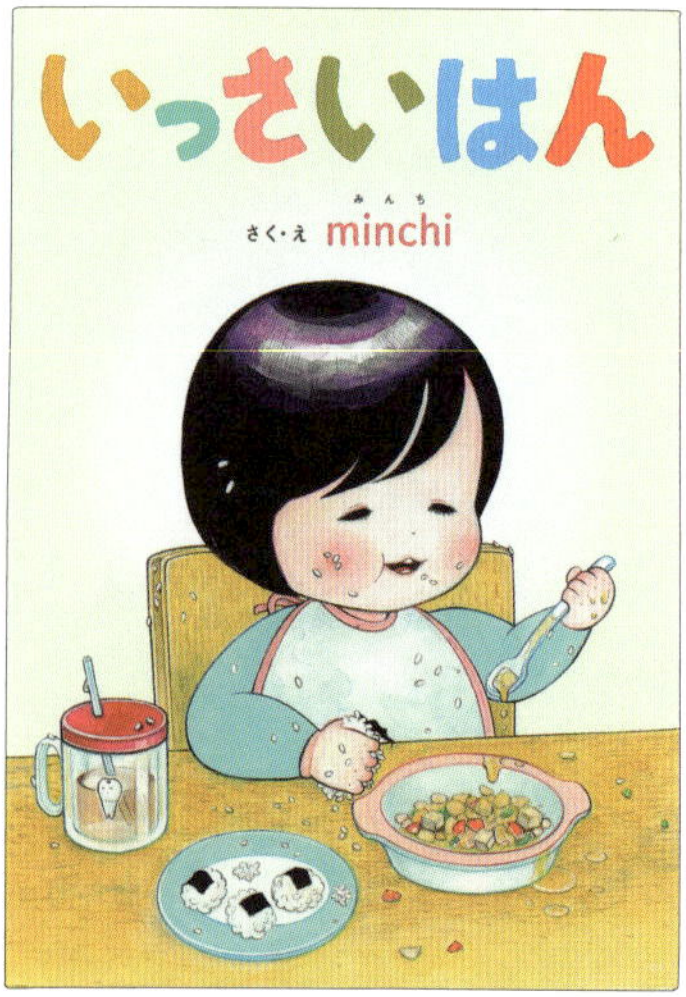

『いっさいはん』　minchi ／作　岩崎書店

は　まいにちでも　きようとする」など、お母さんが子どもに感じるイライラポイントが、たくさん紹介されています。そして絵本の最後は、「きょうも　ゆかいないっさいはん」と、これらの行動をすべて「愉快で痛快なもの」と言い切ってくれるので、お母さんの悩みも笑いに変わります。

もうひとつの絵本『そとごはん』は、子どもの育児に疲れ「つかれたー、ごはん　つくれないー」と、ヘトヘトになったお母さんをお父さんがいたわり、家族で外食へ行きます。子どもは、絵から判断すると、4~5歳ぐらいです。ところが、ここでも子どもは一瞬たりとも、じっとしていません。しまいにはテーブルの下にもぐった子どもの足につまずいたウエーターがころび、お店がとんでもないことに…というお話です。

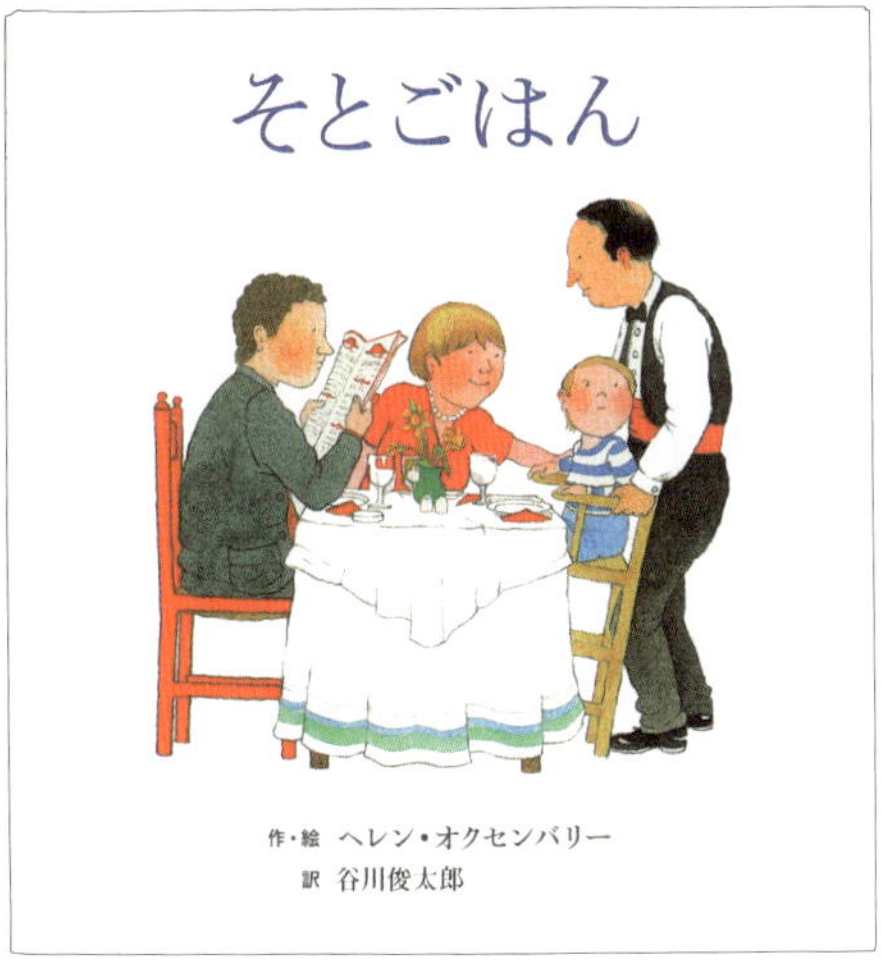

『そとごはん』　ヘレン・オクセンバリー／作
谷川俊太郎／訳　岩崎書店

この2冊の「あるある」行動が描かれた絵本をお母さんに読み聞かせをすると、「うちも、こうなの！」「え？　あなたも？」と、みんな爆笑しながら共感します。そして、「わが子の行動にイライラしているのは、自分だけではない」という事実に気づいて、どこか安心できるようです。同時に、「困った行動も子どもならではのもの」と腑《ふ》に落ちることで、その後の日常のイライラが減ったというお母さんの声が多数聞かれました。

心理学では絵本を「メタファー*のひとつ」ととらえています。メタファーとは、人が抵抗なくスッと理解できる「たとえばなし」のことです。子どもの理不尽な行動について、「子どもなんて、そういうものよ」と正論を言われても、素直に受け入れにくいものがあると思います。しかし、絵本というメタファーを使うと、物語の与えるメッセージが、抵抗なくお母さんの心にすとんと入っていくので

『おかあさんだいすきだよ』
みやにし　たつや／作　金の星社

す。

「絵本『そとごはん』がきっかけで、子どものやんちゃな行動をテーマにした絵本を意識的に読むようになりました。すると、子どもはこれで普通なんだと思えて、あまりイライラしなくなりました。いつも子どもを叱ってばかりで自己嫌悪に陥っていたのですが、今は、穏やかな気持ちで子育てができています」

（2歳、6歳男の子のお母さん／Hさん）

最後に、絵本『おかあさんだいすきだよ』を、ご紹介しましょう。この絵本は、いつもガミガミ叱られている子どもの、「本当はこう言ってくれたら、もっとお母さんのことが好きなのに」という願望と、「どんなに叱られても、お母さんが大好き！」という気持ちとが描かれています。同時に、怒りたくないのに怒ってしまう、お母さんの自己嫌悪の気持ちも描かれています。

絵本の中でお母さんは、子どものかわいい寝顔をみながら、「しかって　ばかりでごめんね」とつぶやきます。そして、「こんな　おかあさんのこと　だいすきっていってくれて　ありがとう」と抱きしめるラストシーンには、涙ぐむお母さんが大

＊【参考文献】『NLP メタファーの技法』 デイヴィッド・ゴードン／著　浅田仁子／訳　実務教育出版

勢います。繰り返しになりますが、叱りたくて叱るお母さんは、1人もいません。お母さんは、わが子が大好きだからこそ、叱ってしまう。

本書の1章・2章では、絵本を使った叱らない子育ての具体的な方法をたくさんお伝えしました。「100回叱るよりも、一冊の絵本」の力を信じて、少しずつマイペースで、試してもらえたら嬉しいです。

ごはんを作る気力もない時

子育てや家事、仕事に追われて、もうヘトヘト。「ごはんをつくる気力もない……」と、お惣菜《そうざい》を買ったり、外食ですませたりする日も当然ありますよね。でも、自分を楽にしたくてしたのに、「自分は母親失格かもしれない」と、罪悪感が膨らんでくることはありませんか?

次は、子どもが中学生になり、育児がひと段落したGさんのお話です。ある時、カフェでランチをしていると、隣の席で赤ちゃんを抱いたお母さんが1人で食事をしていました。目が合うと、若いそのお母さんは、すまなそうにうつむきました。Gさんは、「たまには、自分のためにおいしい食事をするのも大切ですよね。赤ちゃん、抱っこしていましょうか?」と声をかけました。すると、そ

『たいせつなこと』
マーガレット・ワイズ・ブラウン／作
レナード・ワイズカード／絵
うちだ　ややこ／訳　フレーベル館

のお母さんはうれしそうに微笑《ほほえ》んだそうです。Gさんは、このお母さんの気持ちが痛いほどわかりました。自分のために時間を使い、おいしいものを食べている自分自身に対して、罪悪感を持っていたのではないかと思ったそうです。

かつての私も、同じような気持ちを抱えていました。息子がまだ赤ちゃんだった頃、「1杯のコーヒーを飲む時間だけでいい。自分のペースで、中断されることなく、ゆっくり過ごしたい」と思い、家族の協力を得て1人の時間をもらえると、前述のお母さん同様、なぜか罪悪感が湧いてきたのです。

絵本『たいせつなこと』は、俳優の本木雅弘さんの奥様であり、女優の内田也哉子《うちだやや こ》さんが翻訳をしています。ご自身も女優であり母親である身として、この絵本の内容に深く感銘を受けたからなのだそうです。この絵本には、「スプーンに　とってたいせつなのは」「ひなぎくに　とって　たいせつなのは」など、「あなたが　あなたであるために、たいせつに　すること」が、たくさん描かれています。

2歳の女の子のお母さんYさんは、離乳食をすべて手作りしていました。でも、自分の食事までは手が回らず、もう作る気力もなくなって、カップ麺ですませてしまうこともあったそうです。Yさんは、この絵本を読んで、こんな感想を教えてくれました。

「もっと自分自身を大切にしようと思いました。絵本を読んで、自分のことも、子どもと同じくらい大事にしていいのだと感じたのです。そうでなければ、娘が大人になった時に、自分を大切にしない人になってしまう。まず、私が笑顔でいられるために、時にはお気に入りのレストランで大好きなパスタを食べよう。そうすれば、気持ちに余裕を持って離乳食作りだってできる」

絵本の講座に訪れるお母さんの本音を聞くと、子育てと自分のやりたいことを両立して、自分自身も大切にしようということに、罪悪感を持つお母さんがとても多いことに驚かされます。今、あなたが自分にしてあげたいことはなんですか？　お母さんのための絵本の講座では、「今、自分のためにしたいことベスト3」を紙に書いてもらいます。「書いたことを実際に行動に移してみたら、気持ちがスッキリして、明日からまた子育てを頑張ろうと思えました」という声が数多く聞かれます。

「自分を大切にすることは、わが子を大切にすること」。そのことに気づくだけで、子育ての罪悪感は、少しずつ消えていくのではないでしょうか。

「社会から取り残された」と感じる時

専業主婦のお母さんの場合、子育てや家事に追われて、家の中に籠もる時間がどうしても多くなりがちですね。自分から積極的に外の世界に出ていかないと、社会との繋《つな》がりが減り、「孤独感」や「閉塞感」を感じてしまうというお母さんにたくさん会いました。そんな時、絵本の読み聞かせを通じて、「社会から取り残されている」という気持ちが軽減することがあります。

専業主婦のお母さんは、1人になることができません。子どもと離れる時間がなく、常に子どものペースに合わせて過ごさなければならないため、自

『くまくまちゃん』　高橋和枝／作　ポプラ社

分の自由な時間もなく、息をつく暇がありません。そんな専業主婦のお母さんに、とくに人気のシリーズが、絵本『くまくまちゃん』です。

くまくまちゃんは、山奥の小さな一軒家に住んでいて、自分のペースで毎日を過ごしています。雲が流れてゆくのをただずっと見ていたり、新しいカバンを持って、どこへ出かけようか思いをめぐらしたり。専業主婦のお母さんが叶えたくてもなかなかできないことをして暮らしています。くまくまちゃんのようなマイペースな日常を疑似体験することができる絵本に触れて、中には思わず涙ぐむお母さんもいるほどです。『くまくまちゃん』のような絵本は、子どもと一緒に読むのもおすすめです。そして読後に、子どもの「思いがけない言動」を書き留めてみてください。

子どもは絵本の力に触れることで、豊かな反応を示し始めます。お母さんに、いろいろな話をしたり、かわいいしぐさ、きらきらした瞳を見せてくれたり。それらを、日記のように書き留めておくのです（この作業に「絵本日記」というネーミングをしたところ、お母さんたちも気に入ってくれました。そのため、今もそう呼んでいます）。

次は2か月間、「絵本日記」を実践した、2歳児の専業主婦のお母さんのお話です。

「子育て中心の毎日を過ごしていると、次第に子どもの〝あるある行動〟がカンにさわるようになり、日々閉塞感の中でイライラしていました。でも、この『くまくまちゃん』の絵本をきっかけに、絵本日記をつけ始めると、子どものかわいらしいところばかりが目につくように変わりました。でも、よく考えると子どもの態度は変わってはおらず、私の見方が変わっただけ。子どものすることは同じだったんです」**（2歳男の子のお母さん／Jさん）**

絵本日記の効果に前述のJさんは驚きながら、「最近はスマホで、写真と一緒に記録を残す楽しみができました」と、うれしそうに報告してくれたのです。絵本の力で、「イライラお母さん」から、「おおらかなお母さん」に変身することができたのですね。その後も、同じような報告をしてくれるお母さんが多くいました。それは、一体なぜでしょうか？

子どもの自立を促し、見守るモンテッソーリ教育の日本の第一人者でもある相良《さがら》敦子《あつこ》博士の研究の中にこんなデータ*があります。

親子の時間をただ漫然と過ごしているお母さんと、わが子の言葉や様子・行動を記録しているお母さんを比べたところ、前者のお母さんは、子どもへの期待ばかり

*【参考文献】『お母さんの「敏感期」』 相良敦子／著 文春文庫

が募り、自分自身も完璧な母親像を求めてストレスをため込む傾向にあったそうです。一方の後者のお母さんは、幼児期特有の、愛くるしい不思議な行動・言葉に気づくようになり、子どもならではの感受性を発見できる傾向にあるという結果になったそうです。

最後に、1歳の子どもを持つお母さんの体験談をご紹介しましょう。

「絵本日記を始めて、日頃から豊かに反応する子どもの姿を書き留めているうちに、子育てのイライラから解放され、おおらかな育児に変わりました。自分の気持ちに余裕が生まれたことで、再び社会と繋がりたいと思うようになり、子どもと児童館へ行くなどして、家に籠もりがちな生活を変えようとするようになりました。絵本日記のおかげで、ママ友やその子どもたちの素敵なところが見えるようにもなり、孤独から解放されて、今はとても楽しいです」（1歳女の子のお母さん／Aさん）

働くお母さんに読んでほしい本

働くお母さんは、夫が多忙だったり、実家に頼ることができなかったりすると、家事も育児も仕事も、一手に引き受けなければなりません。いわゆる「ワンオペ育児」を余儀なくされているお母さんが、年々増えていくように思います。その上、仕事のために子どもを保育園に預けると、「0歳児から預けるなんてかわいそう」と、非難されることもあったり…。

絵本講座に参加する働くお母さんたちは、こんなことを思うのだそうです。「一緒にいてあげられる時間が少なくて、子どもに申し訳ない」「母親を一番必要とする時期に、そばにいてあげられない」「そこまでしてする仕事は、本当に意味のあるものなのだろうか」「働かないと生活ができない。でも、そのために大切なわが子に寂しい思いをさせている」……などなど。働くお母さんは、物理的な負担とたくさんの精神的な負担を背負い、毎日を一生懸命過ごしています。

次は、Rさんという男性のお話です。

Rさんの母親はずっと仕事をしていたそうです。なので子ども時代は、母親といた時間が少なかったはずなのに、「母親はずっと自分と遊んでくれていた」という記憶があるのだそうです。そしてご本人は父親になり、ある時、3歳の息子と留守番をしていました。普段、仕事で家を空けがちなRさんは、「さて、何をして遊ぼうか」と途方にくれます。すると、子どもが「読んで」と、持ってきた絵本を見て、Rさんは驚きました。『おなかのすくさんぽ』というその絵本を開き、そして「えっ、絵本の出来事だったの？」とひと言。これは、一体どういうことなのでしょうか。

この絵本は、男の子が散歩に出かけ、森でどろんこになりながら動物たちと遊ぶお話です。ところがRさんの中では、この出来事は絵本のお話ではなく、自分がお母

『おなかのすくさんぽ』　片山健／作　福音館書店

さんと森へ行き、どろんこになって気がすむまで一緒に遊んだという、現実の記憶として残っていたのです。

前にも紹介しましたが、幼い子どもは、絵本を現実の体験として受け止めています。読み聞かせ会で、「クマは、どたどた山をにげました。まて、まて、まて〜〜！」という、とある絵本の一説を読むと、一番前に座った子どもが、はあはあと息を切らせていることがあります。その時私は「この子は今、クマになってにげているんだな」と思います。

もう1組、こんな親子もいました。シングルマザーのKさんは、経済的な事情もあり、1人息子を保育園に預けて働き続けました。図書館から借りた絵本を読み聞かせる就寝前のひとときが、唯一の親子コミュニケーションの時間だったそうです。遠くへ出かける話、たわいもない日常を過ごす話など、「自分が子どもにしてあげられなくて申し訳ない…」と感じていることが描かれている絵本を、たくさん読んであげました。

その中には、前述の『おなかのすくさんぽ』もありました。そしてKさんの息子は、今ではもう高校生。私の読み聞かせの講演会に親子で参加してくれた時も、Kさんの息子は、「自分は母親とたくさん遊んで、いろいろなところに出かけて、寂しい思いはしていなかった」と話してくれたのです。この絵本のワンシーンには、クマやイノシシなど森の動物たちが、主人公の男の子に「おまえ、うまそうだな」と、冗談でかもうとするシーンがあるのですが、そこで毎回お母さんが、「世界一大切なうちの子に、なにすんだい！」と抱きしめてくれたそうです。

そんな最高に幸せな記憶は、それまで自分を育ててくれた、お母さんへの感謝の気持ちに育っていました。「卒業したら働いて、母親においしいものを食べさせてあげたい」と、お母さんより頭ひとつ分大きなその子はぼそぼそと話し、お母さんと仲良く寄り添いながら、帰っていきました。

夫との関係に悩んだ時

絵本講座の中でお母さん同士の座談会の時間を設けると、夫との関係が話題に出ることが多々あります。次は、その時のあるお母さんの話です。

「夫が何もしてくれないんです。言葉では大変だねと言うのですが、その後すぐ、〝俺のメシは？〟とひと言」

お母さんもお父さんも、子どもが生まれたその日から、この上ない幸せとともに、せわしない日常が始まります。お互いに気持ちの余裕がなくなり、思いやりの気持ちも持てなくなってくることが増えていくこともあるでしょう。そんな時は、夫婦・家族の幸せを感じる、大人のための絵本を読んでみてください。硬くなった心が優しくほぐれていくことでしょう。

絵本『たいせつなあなたへ』は、子どもが生まれる前の、夫婦の気持ちを振り返る絵本です。どんなに夫婦が愛し合っていて、どんなにわが子の誕生を待っていたか。そんな幸せな2人の気持ちを思い出すことができます。絵本『みつけてん』で

『たいせつな　あなたへ　あなたが
うまれるまでの　こと』
サンドラ・ポワロ=シェリフ／作
おーなり由子／訳　講談社

『みつけてん』　ジョン・クラッセン／作
長谷川義史／訳　クレヨンハウス

は、仲の良いカメが、「どちらが帽子を被《かぶ》るのか」で取り合いになった時、片方のカメのある思いやりの一言ですべてが変わるという物語です。

そして、絵本『まってる。』は、1人の男の子の一生を通じて、幸せとは何かに気づかせてくれる1冊です。読後、運命の男女は赤い糸で結ばれているというお話を思い出す感動の絵本です。

次は、孤独感でいっぱいだったお母さんたちが、これらの絵本を読んだ時の感想です。

「『みつけてん』を読んで、相手を思いやる気持ちを思い出しました。そういえば、私も夫を大切にしていなかった。それでいて、〝子育てで私は毎日大変なんだから、私のことをもっと大切にして！〟と不満をぶつけていたのです。夫に悪いことをしたと気づきました」（6歳女の子のお母さん／Jさん）

「『たいせつなあなたへ』を読んで、私は、〝今孤独なんだ！　心がスカスカなんだ！〟と、夫にぶつけてみました。すると夫が、〝なんでもっと早く言わなかったんだ。子どもに夢中だと思っていた〟と、理解を示してくれたのです。この絵本のおかげで、

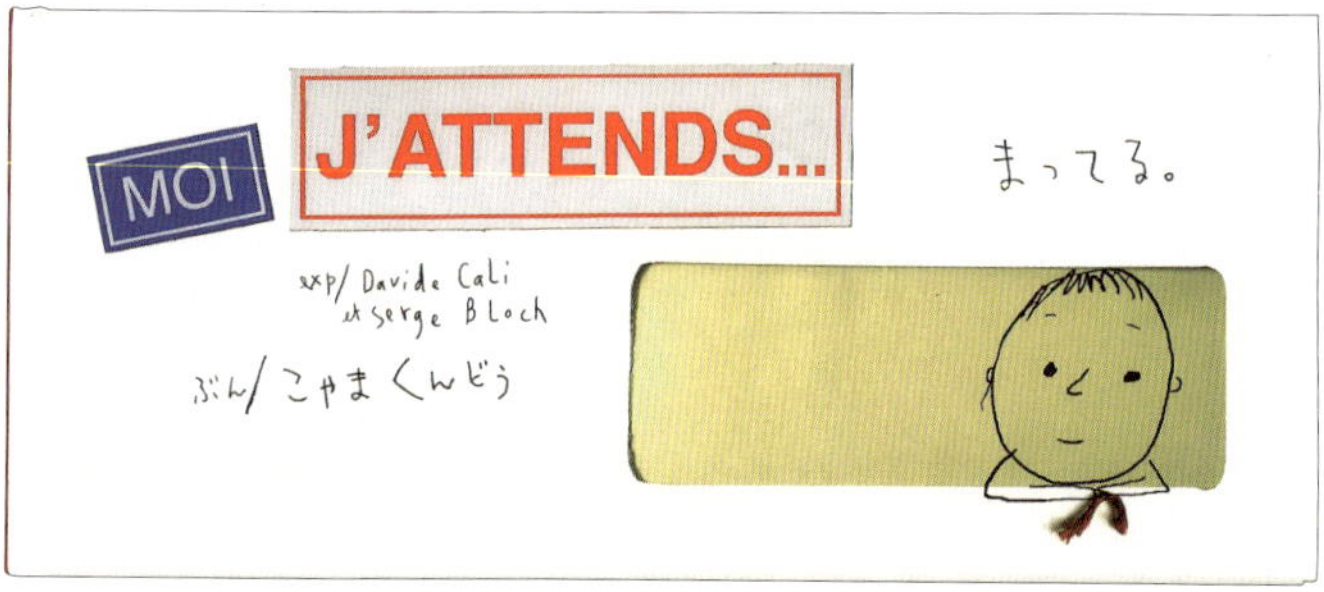

『まってる。』デヴィッド・カリ／作
セルジュ・ブロック／絵　こやま　くんどう／訳
千倉書房

恋人時代の私たちを思い出すことができました」（4歳男の子のお母さん／Kさん）

「絵本『まってる。』を読んで、夫との関係が以前のように回復したら、子育てだけの閉塞感いっぱいの1日が変わると思え、夫の帰りを待つ時間も幸せに感じるようになりました」（1歳半　女の子のお母さん／Oさん）

子育ての毎日に孤独を感じる時は、いちばん身近な存在である夫との関係を見つめ直してみませんか。ここで紹介したような絵本が、お母さんのカウンセラー代わりとなり、解決の糸口が見つかるかもしれません。

よその子と比べて落ち込んだ時

子どもの成長は、1人ひとり違います。それは頭ではわかっているものの、お母さんはついわが子とよその子どもを比べてしまいがち。そして、少しでもわが子の方が劣っているところを見つけると、気になったり、焦ったり。

大ベストセラー『きつねのでんわボックス』は、きつねのお母さんが子ぎつねを失い絶望してしまうのですが、次第に立ち直っていくお話です。子どもを他の子と比べて、情緒不安定になってしまったお母さんが、「ただあなた（子ども）がいてくれる幸せ」という気持ちを、この絵本で思い出すことがよくあります。

『きつねのでんわボックス』
戸田和代／作　たかす かずみ／絵
金の星社

わが子を初めて抱いた時の優しい気持ちを取り戻し、心が安定していくお母さんが多い作品としておすすめしています。

絵本『ええところ』を読んだ後に、「1日10個、その日の子どもの良いところを手帳に書く」ということも、気持ちが不安定になっているお母さんにおすすめしています。気持ちが穏やかになり、よその子と比べてしまう気持ちが自然と消えていきます。

絵本『ええところ』は、自分の欠点ばかりが気になる主人公が、良いところを探せるようになるお話です。主人公は自分のことを「せは　ひくいし、ちからもよわい。はしるのも　おそいし、こえも　ちいさい…ええところひとつもないな」と、人と比較しては自分はダメだと落ち込みます。でも主人公の友人は「てが　あったかいよ」など、良いところを教えてくれるのです。

お母さんも、この主人公と同じことをわが子にしているように思います。「うちの子は（他の子と比べると）、成長が遅い」「ボタンがまだとめられない」「言葉が出ない」などなど……。この絵本の主人公のように、わが子の良いところではなく、欠点ばかりを見てしまうことはないでしょうか。でも、その視点を変えることができるようになると、お母さんはわが子とよその子を比べて落ち込むことが少なくなっていきます。

次は、「絵本を読んだ後、子どものその日の良いところを、毎日10個書く」という方法を実行に移したお母さんのお話です。

「言葉は遅いけど、集中して1人で遊ぶことができている。背はみんなより小さいけど、手先は器用…そんなことがわかりました。はじめのうちは良いところがまったく浮かばなくて、欠点ばかりが出てきたのですが、良いところが出てくる頃、よそのお子さんと比べることがあまりなくなりました」

（2歳女の子のお母さん／Yさん）

『ええところ』
くすのき しげのり／作
ふるしょう ようこ／絵
学研プラス

わが子の長所、できることのほうを見られるようになったら、子どもに直接、それを伝えてあげてください。すると、子どもの心の中で、自己肯定感が育っていきます。自己肯定感とは、子どもが自分のことを好きと感じる素《もと》となる感情です。子どもの良いところを見られるようになったお母さんは、自分の良いところを見る習慣もついてきます。すると、お母さん自身の自己肯定感も高まり、他のお母さんと比べて、「自分はダメなお母さん」と落ち込むことも少なくなるのです。やがて、「私は私でいい」という子育てになっていくことでしょう。

「子どもを愛せない」と言うあなたへ

子どもとうまくつきあえず、悩んでいるお母さんは少なくありません。私の講座に参加するお母さんの中にも、表向きには言えないような話をしてくれる方がいます。

たとえば「〝どうして、できないの？　ダメな子ね！〟など、罵声を浴びせだすと、止まらなくなってしまうんです」「いつもイライラしています。言うことを聞かないわが子をかわいいと思えないんです」など。そう言うお母さんのほとんどは、本当はわが子を愛したいのに、それができなくて苦しんでいました。ここでは、子ども

『まねっこでいいから』
内田麟太郎／作　味戸ケイコ／絵　瑞雲舎

を愛しいと思えるようになる絵本、その読み聞かせ法をご紹介します。

絵本『まねっこでいいから』は、自身が親から愛された経験がないため、わが子を愛せずに苦しんでいる母親の実話です。ある日、子どものほうから「ママ。まねっこでいいから、だっこして…」と言われたことをきっかけに、変わっていった親子の話です。私の講座でも、「子どもを愛せない」と言うお母さんには、次の3つのポイントを実践した読み聞かせをしてもらいます。

ポイント❶

必ず肌を触れながら、読み聞かせをする（昼間は膝の上に子どもをのせたり、寄り添ったりしながら行います。夜、寝る前に読み聞かせの時間をとる方は、布団の中でくっつきながら）。

ポイント❷

頑張って読み聞かせをしない。疲れている時や体調が悪い時、今日は気がのらない、したくないなとお母さんが思う時は、無理に読み聞かせはしないでください。お母さんが「読んであげたい」「自分も読み聞かせの時間を子どもと楽しみたい」と思う時だけにしましょう。

ポイント❸

「読み聞かせは子どもの教育にいい」など、親としての下心は、いったん脇におきましょう。

次は、実践したお母さんの感想です。

「絵本の読み聞かせは子どもの国語力に繋がると聞いて、自分が家事で疲れている時も、やらねばと思って日課にしていました。当時の私は、自己犠牲の気持ちで子育てをしていたのです。子どもを立派に育てるのは、親の義務だと思っていたからです。でも、自分が楽しいと思える時だけ、肌と肌をくっつけて読み聞かせをするようにしてから、子どものかわいい部分に気づき始めました。自分は義務で育てているのではなく、やはりこの子を大切に思っているとわかったのです」（6歳男の子のお母さん／Aさん）

「仕事と育児の両立が難しく、自分の夢を諦めました。いけないと思いながらも、子どもは私の夢を奪った存在だと思ってしまうのです。でも、この読み聞かせを始めてから、〝愛しい〟という感情が私の中に芽生えました。すると、まったく言うことを聞かなかった子が、素直に私の言うことを聞くようになったのです。親子の絆《きずな》が結ばれ始めたように思え、私にも子どもの存在を受け入れる気持ちが芽生えました」**（2歳女の子のお母さん／Bさん）**

「今まで対面で読み聞かせていた時は、息子の目線も本にいっていることが多かったのですが、ほっぺたを合わせながら膝の上で読むようになってからは、本を見ながら私に笑いかけてくれるようになりました。とても幸せな時間です」
（1歳男の子のお母さん／Kさん）

「自分が親から愛された経験がなく、わが子をうまく愛せずにいました。でも、この絵本**『まねっこでいいから』**をきっかけに、子どものことを愛おしいと思えるように。こんなにかわいい子だったのかと、そのことに気づけて良かったと、心

底思っています」（3歳女の子のお母さん／Hさん）

絵本『まねっこでいいから』も、子どもがお母さんを慕う気持ちが溢れてしまい、親子がだっこで肌と肌を触れ合ったことから親子関係が変わります。

お母さんが子育ての義務感からではなく、子どもと幸せな気持ちを味わいながら触れ合うと、親と子ども双方の脳内で、神経伝達物質のひとつ、オキシトシン＊が分泌されるといわれています。オキシトシンは、脳や心の疲れを癒し、相手に対する信頼感や幸福感をもたらす物質とされています。子どもと肌を合わせて行う読み聞かせは、回数を重ねるごとに、お母さんと子どもに幸福感・信頼感を生み出します。その積み重ねが、やがて生涯にわたる親子の強い絆や、親密さに繋がっていくのではないでしょうか。

＊【参考文献】『愛は化学物質だった!? 脳の回路にオキシトシンを放出すればすべてはハッピー』
白澤卓二／監修
スーザン・クチンスカス／著　為清勝彦／訳　ヒカルランド

おはなし

column 3

赤ちゃん絵本の読み聞かせポイント

赤ちゃん絵本については、「字も、物語もないので、扱い方がわからない」という質問を多くいただきます。そこでここでは、赤ちゃんの月齢別の読み聞かせポイントと、赤ちゃんが好む絵本の紹介、その具体的な使い方についてお話しします。

赤ちゃんは首も十分に座らない3か月ぐらいの頃から、おもちゃ感覚で絵本に興味を持ち始めます。この頃は、視力よりも聴力が発達しているので、絵本を真面目に読み聞かせる必要はなく、絵本を題材にして、お母さんは赤ちゃんとお話するだけで十分なのです。犬の絵を見せて、「ほら、わんわんがいるよ。隣のおうちにもわんわんいるね」と、絵本を介して、赤ちゃんとの会話を楽しむのが赤ちゃん絵本の使い方のポイントです。お腹の中にいた頃から、赤ちゃんはお母さんの声を聞いているので、お母さんとの会話だけで赤ちゃんは関心を持つのです。

4か月ごろになると、リズムのある言葉・擬態語・擬音語に反応します。お母さんが「ぱかっ！ って、割れたよ、ぱかっ！」など、ちょっと大げさに読むことで、よく笑うようになります。絵本への興味は、音への興味から始まります。また、赤ちゃんが触れてもケガをしないように、赤ちゃん絵本は角が丸くなっているなど、優しい作りになっているのも特徴です。

6か月頃からは、「あ〜」などの喃《なん》語《ご》で絵本に反応し始めます。視力はまだ弱いので、顔から20㎝ぐらい離れたところから絵を見せると、焦点が合うようです。赤ちゃんが好むのは、1ページにひとつの絵だけが描かれている、シンプルでわかりやすいもの。動物や人物が正面を向き、両目が描かれているバランスのよいものなどです。そのほか、輪郭がくっきりしているものや、「赤・黒・白」など、コントラストや色がはっきりしているものも大好きです。さらに、動物・食べ物・普段の生活で目に触れるものを題材にした絵本がおすすめです。加えて大事なのは、お母さんの「笑顔」。人が笑っている顔での読み聞かせに、この頃の赤ちゃんはいちばん興味を示すからです。

10か月くらいになると、仕掛け絵本はものの10秒で破いてしまったりしますが、それは赤ちゃんの普通の行動なので、叱らないでくださいね。

ここにあげた絵本を参考に、ぜひ赤ちゃん絵本の読み聞かせを楽しんでみてください。

『じゃあじゃあびりびり』

まつい のりこ／作　偕成社

犬がわんわん、踏切がかんかんと、日常の音がたくさん出てくる絵本です。言葉自体の響きやリズムをお母さんの声で伝えてあげてください。生まれたてでも耳でよく聞いています。例えば、「あ～んあ～ん」と泣くページも、「かわいい泣き声だね」など、言葉を足して、お母さんが自由にアレンジしてOKです。

『ぱかっ』

森あさ子／作　ポプラ社

「たまごさん　たまごさん」のページを読んでめくると、「ぱかっ！」とことりが出てきます。いろいろなものが、「ぱかっ！」の音で現れます。「ぱかっ！」の音は、ただ読むのではなく、いろいろ工夫してみましょう。ささやいたり、弾んで読んだり、「ぱかっ」と言った後、頬にキスをしたり。すると、赤ちゃんがお母さんにキスをされた楽しい体験を思い出し、寄っただけで笑うようになります。

『がたん ごとん
がたん ごとん』

安西水丸／作　福音館書店

赤ちゃんの興味を持つ色の、黒い汽車がやってきます。赤ちゃんにとって身近な道具の哺乳瓶、スプーンが「のせてくださーい」と言って、どんどん乗り込みます。最後はどこへ？繰り返しのリズムが楽しい、大人気ロングセラー絵本です。０歳の後半におすすめです。

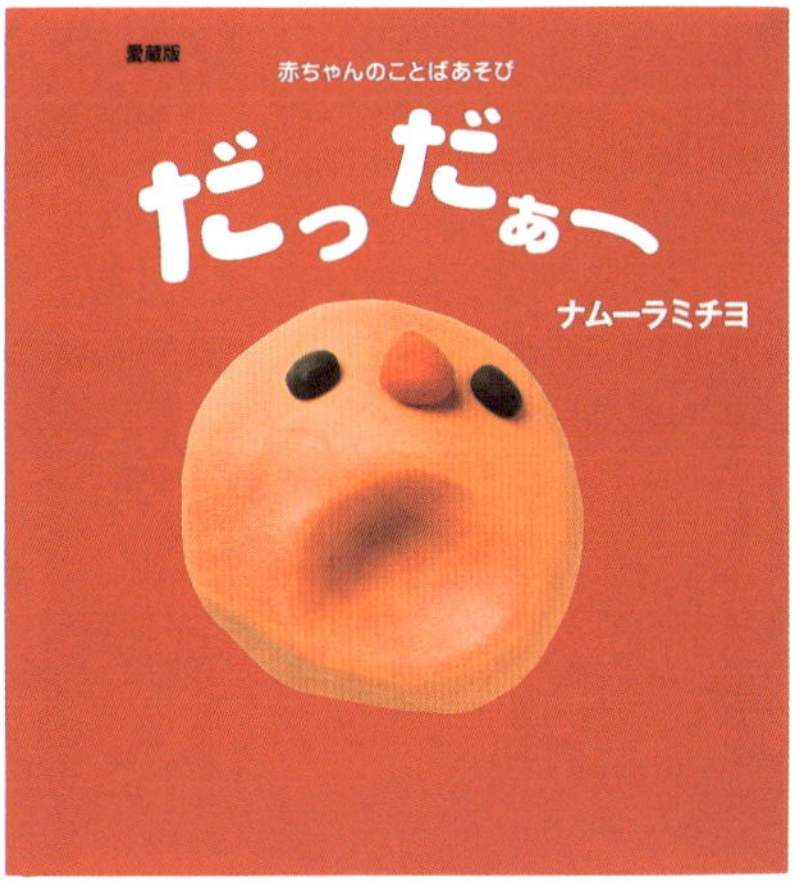

『愛蔵版　だっだぁー
赤ちゃんのことばあそび』

**ナムーラ　ミチヨ／作
主婦の友社**

大人気絵本です。９か月～とありますが、声色を変えたり、顔の表情をつけて読むと、３か月くらいから子どもが反応します。読み方は、「だらっだらーーーー（と間をひきのばして期待させて）…だっだぁー！」と、喜び合ったり（作者より）。無表情や棒読みだと反応が薄いので、感情表現豊かに聞かせるのがコツです。赤ちゃんが、けらけら笑いますよ。

column 3

『ブルーナの０歳からの本１ ミッフィーⅠ』
『ブルーナの０歳からの本２ ミッフィーⅡ』

ディック・ブルーナ／作　講談社

日本では､「うさこちゃん」の愛称でお馴染《なじ》みの絵本です。作者のブルーナさんは、１本の線を完成させるまでに、何度も何度も描き直しました。自分の中で「温かな線のラインができた」と思えるまで妥協しなかったといいます。その気持ちはそのまま、子どもを思うブルーナさんの気持ちでもあります。そんな理由から、愛情がいっぱいつまった本を、わが子のファースト絵本にする人も多数。１ページにひとつの絵、コントラストがはっきりしているのが赤ちゃんの興味をひき、よく見ます。絵だけの絵本なので、お母さんは絵を見て感じたことを、自由にお話ししてください。

『Sassyのあかちゃんえほん　にこにこ』

『Sassyのあかちゃんえほん　がおー』

SASSY　DADWAY／監修
La　ZOO／作
KADOKAWA

赤ちゃんの発達心理学から生まれた、心と脳を育む絵本。赤と白と黒はとても赤ちゃんが反応する色です。カラフルで、視覚を通して心や脳に良い刺激を与え、発達を育みます。絵本を開いただけで、じっと見入ってくれたり、自分でめくろうとしたり、赤ちゃんはくぎづけです。電車内で泣いた時のレスキュー用など、赤ちゃんとのお出かけ時に持ち歩くのにもおすすめです。

あとがき

　私の息子は中学2年生になりました。子どもがこのくらいの年齢になると、また自分のことへ目を向けることができるのだなと驚いています。息子が幼い頃は、自分のことがほとんどできませんでした。諦めた夢もたくさんありました。でも、お母さんになったからこそ現れた夢、出逢いもあったのです。

　私の著書の1冊目『子どもが夢中になる絵本の読み聞かせ方』は、息子が公園を大好きで、なかなか帰らなかったことから生まれました。息子が帰らないので、仕方なくその時間で公園の子どもたちに読み聞かせをしていようと思ったのです。ついでにとことん研究してみようと。

　この本を「本当に、素晴らしい本ですね」とおっしゃってくださった方が、この本のプロデューサーとなる、小学館の後藤千鶴子さんでした。同じくこの本を読んで記事にしてくださったのが、編集の井尾淳子さんです。ご縁は温かなイラストを描いてくださったかまたいくよさん、素敵なデザインに仕上げてくださったわたなべひろこさんとの出逢いに広がります。偶然私を含めたこの5人全員がお母さんでした。この本は、私たち5人が、「子どもはかわいいけどお母さんは大変だ」という想いから、少しでも絵本で育児が楽になり、幸せな子育てができるようにと願いながら創りました。そして、この本を熟読いただき、この想いに帯の言葉でお力添えいただいたのが赤ちゃん本舗の佐藤好潔社長です。心より感謝申し上げます。

お母さんになると、できなくなることもたくさんありますね。でも、今できることを一生懸命にしていると、お母さんになったからこそできる何か、出逢えるだれかがいるような気がします。その場所はきっと、お母さんになる前より幸せな場所。

この本は、育児が楽になることを願っている方々が関わってくださいました。皆様に、心からの感謝の気持ちを込めて。ありがとうございました。そして、1人でも多くの、悩み迷っているお母さんの手に届きますように…。

最後に、思春期の息子へ

私は、あなたを愛していますよ！

景山聖子

景山聖子 かげやま せいこ

絵本スタイリスト®。群馬県出身。(社)JAPAN 絵本よみきかせ協会代表理事。元群馬テレビアナウンサー。TBS・テレビ朝日などでリポーターを経験後、番組ナレーター、NHKラジオ朗読番組「私の本棚」などを担当。一児の母になると同時に絵本の世界へ特化し、2013年(社)JAPAN 絵本よみきかせ協会を設立。現在はNHK総合テレビでの絵本朗読、NHKカルチャー青山教室他で講座開講中。教育委員会での講演、「花王」「カルビー」での読み聞かせに関する情報提供、「赤ちゃん本舗」での企業研修なども行う。(社)全国心理技能振興会認定心理カウンセラー、米国NLP協会クリスティーナ・ホール博士認定NLPトレーナー・アソシエイト。著書『子どもが夢中になる絵本の読み聞かせ方』(廣済堂出版)、『今日から使える読み聞かせテクニック』(ヤマハミュージックメディア)。
【景山聖子 公式ホームページ】https://www.seikokageyama.com/
【(社)JAPAN 絵本よみきかせ協会 公式ホームページ】http://www.japan-ehon-yomikikase.com/

【ブックデザイン】わたなべ ひろこ
【イラスト】かまた いくよ
【編集協力】井尾淳子
【編集】後藤千鶴子

子育ての悩みには“絵本”が効く!
ママが楽になる絵本レシピ31

2018年10月15日 初版第1刷発行

【発行人】村上孝雄
【発行所】株式会社 小学館
〒101-8001 東京都千代田区一ツ橋2-3-1
編集 03-3230-5440 販売 03-5281-3555
【印刷所】共同印刷株式会社
【製本所】株式会社若林製本工場

ISBN 978-4-09-311421-9